Olivier Guichard

W0368811

Vingt ans en 40

Fayard

© Librairie Arthème Fayard, 1999.

En souvenir
de mon père

Le 19 juin 1940 à dix-huit heures, ma sœur, mon ami Louis et moi, nous partîmes pour la frontière espagnole. Nous n'avions entendu aucun appel le 18 juin, mais nous savions que l'armistice avait été demandé le 16 et que les Allemands progressaient de plus en plus rapidement à travers la France.

Faute de pouvoir leur résister par les armes, nous avions décidé de nous mettre hors de leur portée. Nous allions avoir vingt ans et on ne nous avait pas enseigné comment pouvait se terminer une guerre perdue. Apparemment mal.

Plus d'un demi-siècle après ce départ, quelques jours avant sa mort, Roger Stéphane me disait : « *Dans moins de cinquante ans, notre génération – celle qui avait vingt ans en 1940 – aura complètement disparu et on racontera n'importe quoi.* » Ça commence.

Dans ma famille, j'ai souvent entendu répondre aux enfants qu'on n'avait écoutés que distraitement : « *Ne dis pas n'importe quoi.* » Je ne suis ni historien, ni mémorialiste, mais j'essaie de ne pas dire n'importe quoi. On aura compris que je n'ai aucune des ambitions des uns ou des autres, et surtout que j'essaie de n'avoir aucune des prétentions de ceux qui ne veulent que rendre plus cohérente ou séduisante leur image.

J'ai le sentiment d'être né trois fois : en 1920 des jeunes amours de mon père qui avait gagné la guerre ; puis en 1940 de ses amours mortes parce qu'il l'avait perdue ; en 1947 enfin, ayant découvert une source de vie nouvelle dans ma rencontre avec le Général.

Trois naissances, deux pères ; leurs rapports, entre eux et avec moi, sont la trame de ce récit. Cela fait penser à une histoire de famille. Je me crois bien placé pour la raconter.

Cette impression de double paternité, je ne suis pas le seul à l'avoir ressentie. « *J'avais deux pères* », écrit Claude Mauriac à la fin de son livre *Un autre de Gaulle* ; mais les siens étaient du même avis. Pas les miens.

Au-dessus de la Bretagne, le 9 juin 1940, l'avion du général de Gaulle, qui allait de Bordeaux à Londres, a croisé celui qui amenait mon père de Londres à Bordeaux où l'amiral Darlan l'avait convoqué.

Journée symbolique pour moi : deux destins qui se croisaient dans le ciel.

Après avoir parlé de trois naissances, je n'évoque donc que deux pères. L'un m'a donné la vie et certains comportements ; l'autre, une certaine raison de vivre et des convictions. Entre ces deux pères, j'ai été mis au monde, à un autre monde, par le désastre de mai 1940. Et cet enfant, s'il a grandi, ne s'en est pas encore remis.

Il faut le temps de s'en remettre, dit-on couramment ; par définition, le temps est toujours un problème d'actualité. Il est quelquefois une explication, il n'est pas toujours une excuse.

J'y pensais en écoutant ce passage du discours du président de la République prononcé en 1995 à la mémoire des déportés du Vélodrome d'hiver en 1942 : « *La folie criminelle a été secondée par l'État français.* »

Le président de la République est le garant de la légitimité nationale et, en évoquant « *la faute collective* », il rompait avec la position prise par ses prédécesseurs ; il le faisait à la même tribune et avec le même retentissement médiatique escompté ; il affirmait que le soi-disant État français de Vichy avait existé.

Le Général était quelqu'un de cohérent et ce sujet était au cœur de sa vie ; j'y reviendrai. Il s'était exprimé là-dessus le 18 et le 19 juin 1940 : quelle que soit sa légalité, un État qui cesse le combat au prix de sa souveraineté n'est plus un État. « *Ruunt in servitudinem.* » Cette inexistence originelle et essentielle de Vichy date de l'armistice – la « *capitulation* », a toujours dit le Général.

On peut même se demander si l'ordonnance du 9 août 1944 frappant de nullité « *tout ce qui est postérieur à la chute, dans la journée du 16 juin 1940, du dernier gouvernement légitime de la République* » était indispensable. Il est vrai que cet acte juridique était destiné à traduire rétrospectivement une vérité politique.

L'inexistence de Vichy peut-elle être qualifiée de *mythe* ? J'ai employé naguère ce mot et je ne le regrette pas. Sa définition me satisfait : « *Particularité de l'histoire héroïque ou d'un temps fabuleux.* » Cela m'incite à penser que Paul Valéry a raison quand il s'interroge : « *Que serions-nous donc sans le secours de ce qui n'existe pas ?* »

Sans ce mythe, quels eussent été les ressorts intérieurs de la France libre ? Comment le Général eût-il consacré, dans une certaine dignité, l'unité du pays à la Libération ?

... Je reviens aux conséquences de ce discours de 1995. Bernard Frank écrit avec pertinence : « *Notre jugement sur un événement historique dépend de notre date de naissance.* » En 1995, Jacques Chirac évoque un événement qui a eu lieu en 1942 quand il avait à peine une dizaine d'années. Comment, depuis cinquante-trois ans, sa mémoire a-t-elle évolué ? Faisons la part des circonstances, puisqu'il s'agit d'un jugement ; mais quelle est la part de la mémoire dans les attendus du jugement ?

Paul Ricœur pense qu'il faut substituer à la notion de « *devoir de mémoire* », celle de « *travail de mémoire* ». Voilà qui répond assez bien aux problèmes posés par le temps.

Je me suis demandé pourquoi, à la fin de son second septennat, François Mitterrand a voulu – ou a cédé à ceux qui voulaient – évoquer la période vichyssoise de sa jeunesse.

À la fin d'une vie consacrée, à travers toutes ses formes, à l'aide de toutes les ressources de l'hypocrisie, à la conquête programmée du pouvoir, pourquoi, par quelques évocations des années quarante, jeter une ombre sur sa rapide, talentueuse et durable ascension ?

Est-ce qu'au terme de tant d'ambitions réalisées, il n'a pas estimé qu'il serait lui-même plus « illustre », au sens romain du terme, en rappelant aux Français que leur histoire, à l'exemple de la sienne, n'était pas aussi simple qu'il avait voulu le faire accroire en leur donnant en modèle la prétendue rectitude de sa carrière ?

Il est devenu banal de rappeler, avec Retz, que les hommes politiques ne sortent de l'ambiguïté qu'à leur détriment. François Mitterrand, l'ambiguïté faite homme, dont la structure même était l'ambiguïté, aura sans doute donné raison à Retz ; toutefois sur le moment seulement et s'agissant des hommes de la même génération que lui. Mais il aimait à compter sur le long terme. « *Il faut donner du temps au temps* », répétait-il. Pour les générations à venir, il est possible que cette transparence tardivement recherchée tourne à son profit.

C'est peut-être en faisant ce calcul qu'il aura trompé ses admirateurs les plus perspicaces. Mais les portraits-souvenirs sont faits pour ça.

J'avais passé la plus grande partie de la « *drôle de guerre* » à Siaurac avec mon grand-père, ma mère et ma sœur. Deux fois par semaine, j'allais à Bordeaux suivre les cours de préparation militaire supérieure, et en même temps, à la faculté, ceux de droit et d'histoire moderne. Je partais avant le jour, au volant d'une Citroën B14 décapotable, et je me réchauffais aux premiers rayons de cette relative liberté.

À Noël 1939, j'accompagnai ma mère et ma sœur qui allaient faire un séjour à La Haye où mon père était attaché naval. Je n'oublierai jamais l'impression étrange ressentie en traversant, dans le train sans lumière, la ligne Maginot et la frontière belge. On pouvait donc franchir – à l'envers, il est vrai – cette barrière fortifiée qui nous protégeait de la guerre ! Au-delà, non protégés mais paisibles, les Hollandais menaient leur vie habituelle. Nous la partageâmes quelques jours.

Cette tranquillité prit fin avec les premières manifestations de l'exode. Depuis le milieu de mai 1940, des amis ou des parents, fuyant Paris pour le Sud-Ouest, se souvenaient de notre adresse en Gironde. Cela commença peu après l'annonce de l'invasion et de la déroute qu'il n'était pas difficile de lire à travers les mensonges de la radio. Comme ces nuits de mai étaient douces ! Mais les nuits de mai 1940 furent pour moi encore imprégnées de poésie romantique, et ce sont plutôt les *Nuits d'octobre* que je me récitais durant ces nuits si calmes et pourtant sans sommeil :

« Honte à toi, femme à l'œil sombre
Dont les funestes amours

Ont enseveli dans l'ombre
Mon printemps et mes beaux jours... »

Ceux qui passaient, parfois en trombe, avec leurs vrais problèmes et leurs fausses nouvelles, ne prêtaient pas à sourire. Obstinés à poursuivre une route dont ils ne connaissaient pas le terme, beaucoup semblaient plus accablés par les pertes de temps et de confort que par celles de la guerre. Tocqueville dit que « *cette passion du bien-être est comme la mère de la servitude* ».

Les conversations étaient limitées au quotidien et au plus urgent. L'ennui et la tristesse étaient en train d'engendrer une certaine hébétude.

Mon grand-père et ma mère me semblaient chaque jour un peu plus hors d'atteinte, puisqu'ils appartenaient à un monde en train de s'éloigner. Un monde justement bâti sur leurs certitudes.

À quarante-sept ans, ma mère faisait face avec beaucoup d'autorité domestique à l'événement ; mais elle avait du mal à imaginer qu'une guerre ne ressemblât pas à celle de 1914-1918 qu'elle avait passée à l'hôpital de Libourne comme infirmière. Elle n'avait rien perdu de son entrain et de son rayonnement.

À quatre-vingts ans, mon grand-père personnifiait la bonté ; mais la tendresse elle-même ne pouvait plus grand-chose contre la distance que créait en chacun la diversité des effondrements intérieurs.

Ni l'un ni l'autre n'envisageait de quitter Siaurac où ils étaient nés. Comme moi.

En 1870, mon grand-père y avait appris Sedan, puis la Commune. En août 1914, il y avait appris la mort au front de son seul fils. En 1920, il y avait vu naître son seul petit-fils.

Quant à ma mère, son mari était à Londres où il avait suivi la reine des Pays-Bas auprès de qui il était accrédité. Elle n'envisageait pas d'attendre ses instructions ailleurs qu'à Siaurac.

Mon père était pourtant venu nous voir quelques instants au début du mois de juin. En mission de Londres à Bordeaux auprès de Darlan pour la journée : une première fois le 9 juin, et une seconde le 12, après un arrêt à Saint-Malo, qu'il ne nous expliqua pas.

Nous n'eûmes pas beaucoup de temps pour parler, et puis, nous n'avions pas l'habitude de lui poser des questions. Je le regrette, parce que ces deux allers-retours ne furent plus jamais évoqués et je n'en ai pas retrouvé trace dans les rares papiers qu'il m'a laissés.

L'arrivée de mon ami Louis allait me ranimer. Nous avions passé de longues années ensemble, sur les bancs du même collège. Il traitait de tout avec sérieux et en peu de mots. Une longue habitude de premier de la classe ne l'avait rendu ni prétentieux ni omniscient. Il ne se sentait pas étranger à Siaurac où il avait passé des vacances. Enfin j'avais quelqu'un à qui parler.

Siaurac est une grande maison en pierre blonde des Charentes, bâtie en 1840, à la place d'une jolie chartreuse XVIIIe siècle, par les parents de mes arrière-grands-parents. C'était à l'époque une manière de manifester leur confiance dans l'avenir de la bourgeoisie provinciale.

Cette propriété venait de ma famille maternelle, mais mon père y était attaché. Il y passa du reste les dernières années de sa vie en viticulteur, après son départ de Vichy en novembre 1942.

Mon grand-père maternel et son gendre ne se rencontraient qu'à Siaurac. Cette maison aura donc été le décor unique d'une pièce qui me fascinait, quoique le sujet n'en fût pas très original : les difficultés de communiquer entre deux hommes de générations différentes.

Il y avait à cette difficulté une raison complémentaire et très forte : la condamnation de l'Action française par le pape. Mon grand-père était attaché aux théories personnalistes d'Emmanuel Mounier, et mon père à sa propre formation d'Action française. Cette formation l'avait amené en

1917 à fonder une association de plusieurs centaines d'officiers de marine, *Duc in altum*, dont la majorité des membres partageait ses idées. C'est à ce titre qu'il avait écrit en 1926 au cardinal Andrieu, archevêque de Bordeaux, pour lui recommander la prudence. Inutile démarche.

L'éloignement des deux hommes était devenu pour moi un spectacle, un climat familier. Il n'est sans doute pas étranger au développement de cet immense domaine du non-dit que nous avons si longtemps, mon père et moi, parcouru côte à côte. Cette atmosphère de non-dit, je la retrouverai dans mes rapports avec le Général. Ce n'est pas, comme on pourrait le penser, le contraire de la conversation, c'est autre chose.

La conversation générale se limite en fait, dans la vie des familles bourgeoises, aux repas. Il convient de ne pas la laisser tomber. Le Général se considérait comme responsable de ce bon usage. À Siaurac, c'était ma mère ; elle profitait de cette charge pour conclure les échanges. Dans ce cas, on avait l'impression qu'elle *disait la loi*.

Mon grand-père, en bon provincial, était un peu agacé par la vie parisienne que menait sa fille unique. Il ne détestait pas accentuer son côté rural. De temps en temps, il faisait *chabrot* en versant un peu de vin dans le fond de son assiette de soupe. Et, pour sortir par temps de pluie, il mettait des sabots de bois avec, à l'intérieur, des charentaises noires.

Ce grand-père qui voyait arriver une guerre qu'il ne ferait pas plus que les deux précédentes, du fait de son âge, était pour moi l'image très chère d'un monde qui ne bougeait plus depuis longtemps. Maire de sa petite commune depuis 1885, il allait passer le creux de l'hiver à Libourne. On l'y appelait « *ce bon monsieur Brisson* ».

De Paris, il ne connaissait guère que le Grand Hôtel, où il avait ses habitudes, et la Chambre des députés où il avait siégé quatre ans au début du siècle. Il y avait été élu sous l'étiquette « républicain ». Je ne sais pas de quand datait son adhésion au ralliement à la République demandé par Léon XIII. Il avait presque tendance à s'en excuser. « *Mais*, me disait-il, *comment se présenter quand on n'est ni orléaniste, ni bonapartiste ?* »

Aux beaux jours, il égayait son éternel costume de serge noire d'une cravate blanche toute faite, enroulée autour du col d'un plastron d'une seule pièce durement amidonné, le tout caché sous sa barbe blanche, un peu jaunie par le tabac. Ainsi vivait-il, solitaire, sa canne d'ébène à la main.

L'été, parfois, assis à côté de son chauffeur, il traversait la France à petite vitesse pour venir voir, où que je fusse, si je me portais bien.

Et chez lui, à Siaurac, de longues années, j'ai vu les mêmes domestiques venir dans la salle de billard, après le dîner, dire la prière du soir à mes côtés.

Pour Louis et moi qui avions dix-neuf ans, pour ma sœur qui en avait dix-huit – et que nous avions associée à notre réflexion –, le proche avenir n'était pas aussi déterminé que pour les habitants de Siaurac. Pas plus que d'autres, nous n'avions de renseignements précis sur le déroulement de la guerre en France, mais il était clair que, mètre après mètre, les armées allemandes occupaient le pays.

Nous n'envisagions pas de les arrêter en rejoignant des régiments en retraite. Ils n'avaient plus l'air de penser à se battre. Du reste, ils n'auraient pas voulu de nous.

Nous ne voulions pas non plus rester là, sur le bord de la route, pour voir défiler l'ennemi. Nous conclûmes donc qu'il fallait essayer de disparaître en attendant que l'horizon se dégageât, en attendant de pouvoir imaginer comment la guerre allait se poursuivre et quelle serait la forme de notre combat.

La frontière espagnole était pour nous la plus

proche, et peut-être les Allemands ne la franchiraient-ils pas tout de suite.

Sans compter que, lors de camps scouts autour de Gavarnie, j'étais plusieurs fois passé en Espagne par la montagne. Il n'y avait pas si longtemps de cela et je pensais bien retrouver les chemins qui, par la brèche de Roland, menaient au premier village espagnol : Torla, je crois.

Sans rien connaître des étranges contradictions qui agitaient les membres du gouvernement à Bordeaux, nous pensions que des forces françaises allaient se reconstituer en Afrique du Nord : aussi nous dirigions-nous d'instinct vers le sud.

Nous partîmes donc tous les trois pour Gavarnie, le 19 juin à dix-huit heures, dans la Juvaquatre de Louis. Passé les Landes, il n'y avait plus grand monde sur la route. En traversant Lourdes, je ne cherchai pas à retrouver les souvenirs des pèlerinages nationaux d'antan ; je pensai seulement que jamais Notre-Dame-du-Salut n'avait si bien mérité son nom.

À l'hôtel de Gavarnie, il n'y avait pas beaucoup d'animation. Quelques gendarmes venaient de temps en temps boire un Izarra et jouer aux cartes avec deux ou trois contrebandiers. Ils discutaient de l'avenir de leur profession – en somme commune.

Gendarmes ou douaniers qui exerçaient encore la surveillance de la frontière laissèrent entendre que nos projets à nous ne les intéressaient guère. Nous devions simplement savoir que les Français qui faisaient du tourisme pédestre en Espagne étaient arrêtés et incarcérés de l'autre côté par les carabiniers.

« *Heureusement*, ajouta un brigadier, *qu'ils ne nous les renvoient pas. Qu'est-ce que nous en ferions ? Et puis Franco, vous savez, vous, ce qu'il va faire avec Hitler ? Sûr qu'au moins il leur refilera les Français.* »

La vanité de ces discussions, le scepticisme et le manque d'information ou d'imagination, tout nous éloignait de la question que nous nous posions avec anxiété quelques jours auparavant. Nous avions le sentiment grandissant de notre inutilité. Notre détermination d'hier nous semblait de moins en moins adaptée à une situation que nous ne connaissions pas mieux qu'avant et que personne n'était venu éclairer.

À Gavarnie, par la presse et la radio locales, nous apprîmes que le général de Gaulle avait appelé les Français à continuer la guerre.

Quand on lit aujourd'hui ces textes du 18 et du 19 juin, si clairs, si prophétiques, correspondant si bien à ce que nous pensions quelques jours auparavant, on ne peut qu'être étonné, dans un premier temps, de leur peu d'effet immédiat sur les Français. C'est oublier que bien peu les entendirent. Je n'étais pas de ce petit nombre et il est probable que, si j'en avais été, cela n'eût pas changé grand-chose à mes décisions immédiates.

Nous n'étions pas encore, comme c'était le cas pour la plupart des Français, assaillis tous les trois par les difficultés de la vie quotidienne. Mais, comme eux, nous ne voyions pas bien ce que pouvait faire un gouvernement qui avait décidé de rester en métropole et dont les soldats ne se battaient plus. Sinon signer un armistice.

Pour nous commençait confusément une période où les mots ne voudraient plus dire ce qu'ils avaient jusque-là signifié.

Est-ce que c'est le changement du sens des mots qui crée des situations nouvelles ? Je croirais plus volontiers l'inverse.

En cette seconde moitié du XXe siècle, lentement, des mots importants changent de signification. Sur aucun champ de bataille contemporain les combattants ne veulent plus dire la même chose qu'autrefois quand ils parlent d'Honneur ou de Démocratie.

Il y a quelques années, j'ai entendu Soljénitsyne, en Vendée, dire : « *Les révolutions ruinent le cours naturel de la vie.* » C'est bien ce qui était en train de se passer en juin 1940.

Le carambolage des faits, connus ou pas, rendait pour nous inutiles ou dérisoires les raisonnements comme les prophéties. La terre de France était envahie, et son armée ne l'avait pas protégée. Nous ne serions plus jamais les mêmes.

Pas plus que les mots n'auraient le même sens. Pour un militaire, l'Honneur pouvait être d'obéir ;

ou bien de ne pas obéir. Pour nous, déjà la honte n'était plus *a priori* le contraire de l'Honneur.

Là où il apparaît que le mot « honneur » n'a plus le même sens que la veille, c'est bien d'une révolution qu'il s'agit. Mais, de la veille au jour, il y a la nuit de l'inconscience. Elle peut être longue. La mienne allait l'être, avec des réveils de plus en plus fréquents et prolongés au fur et à mesure que le soleil viendrait éclairer la scène.

En cette mi-juin 1940, un brusque changement s'est produit que le Général a ressenti avec force et exprimé en quelques phrases. Un petit nombre seulement a réagi comme lui. Ceux-là ont pu comprendre que le langage du Général n'était plus celui d'hier.

Le Général disait : « *La France n'a pas perdu la guerre.* » Et pourtant, son territoire est occupé, son armée en déroute, et son gouvernement vient de reconnaître sa défaite en acceptant les conditions d'un armistice qui lui retire sa souveraineté.

Le Général parlait de « *la France libre* »... Mais comment peut-elle être ailleurs que dans cette zone libre que l'armistice place sous l'autorité (formelle, sans doute) du maréchal Pétain ? Un maréchal à qui la majorité des élus d'une Chambre des députés élue en 1936 sous l'étiquette du Front populaire vient de donner la totalité des pouvoirs constitutionnels, exécutif, législatif et judiciaire. Un maréchal qui vient de renouer des relations diplomatiques avec la quasi-totalité des États étrangers qui ne sont pas en guerre avec l'Allemagne.

Pouvait-elle, cette France libre, être dans le seul verbe d'un officier d'une armée vaincue ?

Ce n'étaient pas les mots d'hier qui pouvaient donner une réponse à ces questions.

Avant que les mots aient recouvré un sens, je pris, moi, une décision dictée par vingt ans d'éducation prudente et bourgeoise : je voulus voir mon père et savoir ce qu'il pensait des meilleurs moyens de chasser les Allemands hors de France.

Siaurac, d'où nous étions partis, se trouvant en zone occupée, nous décidâmes de nous réfugier à Pellevoisin, dans l'Indre, chez les grands-parents de mon ami Louis. Nous y attendrions mon père.

Il arriva de Londres à la fin du mois de juillet en bateau, sur l'*Orduña*, jusqu'à Lisbonne, puis en train à travers cette Espagne que, quelques jours plus tôt, nous pensions traverser à pied dans l'autre sens.

Il était muni d'un ordre de mission de son chef, M. de Vitrolles, ambassadeur de France auprès de Sa Majesté la reine des Pays-Bas, daté du 17 juillet 1940. Je ne résiste pas au plaisir de citer ce texte, une si belle illustration des étrangetés du moment :

Londres, 17 juillet

ORDRE DE MISSION.

Le capitaine de corvette Guichard, attaché naval de la Légation de France près Sa Majesté la reine des Pays-Bas, se rendra en mission auprès de l'Amirauté française pour y rendre compte de l'interruption provisoire de ses fonctions par suite du passage des forces navales hollandaises sous les ordres de l'Amirauté anglaise et de la rupture des relations diplomatiques entre la France et la Grande-Bretagne.

(Cachet de l'ambassade
de France à Londres)

Le Ministre de France
près le gouvernement hollandais :
Vitrolles.

À la génération de nos parents, la plupart savaient qu'il y avait de fortes chances pour que le monde qui avait été le leur ne restât plus le même. Mais ils y étaient si attachés qu'ils allaient faire leur possible pour que celui de demain lui ressemblât. Il faut reconnaître qu'au sein de ma propre génération, beaucoup leur en furent reconnaissants.

Notre réunion avec mon père n'eut rien de dramatique ni d'imprévisible. Il irait à Vichy le lendemain, régulariser sa situation militaire. Sa femme l'y rejoindrait. Puis il organiserait au mieux la vie de ses enfants, souhaitant qu'ils sachent le plus tôt possible ce qu'ils voulaient en faire. Sur ce dernier point, il n'avait pas d'idée arrêtée.

Nous lui racontâmes quelques anecdotes sur notre expédition dans les Pyrénées. Il nous parla de son départ mouvementé de La Haye sous le feu des parachutistes allemands. Puis de sa vie à Londres et, sans insister, comme de la chose la plus normale du monde, de sa rencontre avec le général de Gaulle. Il l'avait connu au cours des années 1930 dans l'équipe des officiers qu'avait contactés le maréchal Pétain pour traiter des problèmes militaires dans ce qu'on n'appelait pas encore les médias.

Cette rencontre à Londres, en juillet 1940, n'avait en soi rien d'extraordinaire. C'est du moins ce qu'il me sembla ce jour-là. Par la suite et depuis lors, j'aurais donné cher pour savoir ce qu'avaient pensé, face à face, deux personnages aussi éloignés l'un de l'autre mais dont l'un m'était, et l'autre me serait, si proches : le Général partant de Londres pour sa chevauchée solitaire, et mon père qu'avaient fait transiter par Londres les incertitudes de la guerre.

De la relation de cette brève rencontre, je n'ai retenu qu'une phrase : « *Pour la marine, de Gaulle a pris avec lui Muselier, qui n'a pas que des amis.* » C'était, je l'ai appris ultérieurement, un camarade de promotion de Darlan.

Mon père s'étendit plus longuement sur son voyage de retour. De Londres à Lisbonne, les Anglais avaient affrété un bateau portugais pour ramener en France les diplomates, militaires et journalistes qui le souhaitaient. Le voyage s'était poursuivi en train à travers l'Espagne. Les arrêts en rase campagne étaient si longs que Paul Morand et lui allaient laver leur linge dans le torrent que longeait la voie ferrée. Morand avait passé la guerre à Londres dans la mission Jean Monnet, et il partait vers d'autres destinées.

Enfin, au cours de ces retrouvailles, nous dîmes quelques mots des modestes moyens qui restaient à la France pour se battre contre les Allemands.

La flotte ? En aucun cas elle ne serait remise aux Allemands. Pour son avenir, mon père considérait que Darlan avait pris des engagements très précis et donné des ordres aux préfets maritimes et aux commandants d'escadre, le 24 juin, en utilisant pour la dernière fois le code secret de l'Amirauté. Sur ce point, il avait raison. Dans ses *Mémoires*, le Général a reconnu que certains communiqués prématurés des Anglais n'étaient « *pas conformes à la vérité* ». Ils annonçaient en effet que Vichy avait accepté de remettre la flotte française aux Allemands...

Cette conversation familiale avait lieu dix jours avant Mers el-Kébir. Je pense qu'après ce drame, elle n'eût pas été très différente.

Quand la Première Guerre mondiale fut déclarée, en août 1914, mon père avait vingt ans et sortait de l'École navale. Jeune enseigne, il commanda un chalutier de Boulogne transformé en dragueur de mines ; puis, toujours en mer du Nord, une flottille de quatre vedettes lance-torpilles. Elles protégeaient les bateaux alliés contre les sous-marins allemands, ou allaient chercher les aviateurs abattus en mer. Il termina la guerre à Dixmude dans les fusiliers marins, avec la Légion d'honneur, trois citations et la *Distinguished Service Cross*. En juin 1940, il y ajouta deux autres citations.

Si j'évoque ces titres de guerre, c'est pour préciser la silhouette d'un militaire parfaitement conscient de ce que la guerre fait partie des obligations du métier.

Ce n'était pas vraiment une tradition familiale. Son père et son grand-père étaient ingénieurs, mais il est vrai qu'il y avait un arrière-grand-père et, à lire ses états de services, cet ancêtre, colonel de l'Empire, n'avait pas beaucoup cessé de courir l'Europe de 1792 à 1815.

En dehors des périodes où l'on se battait, mon père me semble avoir eu peu de goût pour la vie militaire. Peu d'intérêt également pour le déroulement de sa carrière : capitaine de corvette en 1939, il avait dix ans de retard sur l'avancement moyen de ses camarades de promotion. Son indifférence à ce sujet était devenue un sujet de plaisanterie dans la marine. Darlan ne manquait jamais de l'évoquer quand il le présentait à des étrangers.

Entre les deux guerres, il avait accepté quelques missions confiées au docteur en droit de la mer qu'il était devenu. Conseiller juridique du ministère de la Marine, il fit de fréquents séjours à la Société des Nations et dans des conférences où l'on discutait de sa spécialité.

Il fut également attaché naval à Lisbonne avant de l'être à La Haye. Mais son « port d'attache » resta le Service historique de la Marine dont les bureaux étaient au coin de l'avenue Charles-Floquet, en face de l'hôtel où, beaucoup plus tard, j'installerais la première délégation à l'Aménagement du Territoire.

Dans ce Service historique de la Marine, tout le monde écrivait. Et dans un livre de souvenirs sur la guerre de 1914, un camarade de promotion a fait de mon père un portrait qui me semble fidèle.

« *L'enseigne Louis Guichard, chef du groupe des vedettes et écrivain maritime à ses moments perdus, semble tout exprès bâti pour commander des bateaux élégants, rapides et sveltes, tant sa silhouette s'adapte à la leur. Mais, à l'encontre de ces navires, il ne fait aucun remous et l'on pourrait prendre pour signes de timidité sa courtoisie exquise, son parler calme, son horreur visible de paraître s'imposer. Il est pourtant de ceux qui ont conquis tout de suite les pêcheurs de Boulogne, ces gars si lents à donner leur confiance mais qui jamais ne la reprennent, et savent juger les marins. Sur le chalutier* Nelly, *qu'il a commandé en 1916 et à bord duquel il avait l'air d'un beau peuplier planté parmi les chênes, Guichard a fait merveille. Et maintenant, avec ses vedettes, il s'occupe des aviateurs abattus en mer. Il va tranquillement les pêcher à toucher la côte, sous l'arrosage rageur des batteries allemandes qu'il nargue avec ses petits bateaux de rien du tout. Quand le temps est maniable, car vous pensez bien que le clapot arrête les vedettes comme ferait un mur, on voit surgir Guichard et ses joujoux partout où des coups s'échangent.* »

Les marins racontent leurs voyages quand ils rentrent – s'ils trouvent un éditeur. Dès 1920, mon père se conforma à cette tradition. Il le fit avec joie puisque, déjà en 1912, il avait confié à sa mère que ses vrais goûts le portaient vers la littérature. Il voulait écrire. Il choisit de traiter des états d'âme des enseignes de vaisseau dans des romans qui auraient tous pu porter le titre de l'un d'eux : *Sainte Marine*. Les hommes y prenaient le quart, les femmes veillaient. La marine était fidèle à elle-même.

Comme disent les Anglais : « La Marine royale a des usages pour tout. »

Je reparlerai de mes rapports avec mon père. Je n'évoque ici sa vie d'officier, son père polytechnicien, ses deux frères marins, que pour rappeler à quel point j'ai grandi dans un milieu familial attaché à l'armée et à son rôle dans la nation.

Jusqu'à ce mois de juillet 1940, l'idée ne me serait jamais venue de mettre en question l'opinion de mon père sur l'issue de la guerre. Et encore moins de lui poser cette question.

Le 27 juillet, pour être précis, jour de mes vingt ans, mon père sut qu'il devait rejoindre l'état-major de Darlan à Vichy. Nous l'y suivîmes donc, ne voulant pas retourner à Siaurac, en zone occupée.

Si, à la veille de mes vingt ans, je n'étais pas un jeune homme entreprenant, plein de fougue et de détermination, je le devais aussi à un autre membre de ma famille : le frère de mon père, autre solitaire.

Il avait quitté la marine jeune (accident d'avion et accident de carrière) pour vivre seul, très seul, même, dans une vieille maison de granit qui appartenait à ses parents, au sud de la Bretagne. Ma sœur et moi nous y passions traditionnellement le mois d'août, mais, dès 1938, je pris l'habitude d'aller voir plus souvent mon oncle Pierre. Nous nous parlions. C'était presque une aventure.

Il n'acceptait pas d'autres règles de vie que celles dont il avait décidé qu'elles pouvaient rendre supportable la solitude. Mais ceux qui les respectaient étaient les bienvenus. Il les accueillait. Mieux : il leur donnait le sentiment d'exister. Quand il avait une décision à prendre, si modeste fût-elle, voire frivole, il s'engageait dans une longue réflexion. Si j'étais présent, il pouvait le faire à haute voix. L'expérience, la paresse, l'humour, la météo jouaient leur rôle dans la préparation de cette décision. Généralement reportée. Je pense qu'un long séjour dans les mers de Chine l'avait préparé à ce comportement réservé.

Les deux hommes que j'ai évoqués, mon grand-père et mon oncle, n'étaient pas de ma génération, mais ils avaient en commun de mener une vie solitaire. Solitaire, mais pas isolée. À la campagne, mais sans être devenus pour autant des agriculteurs.

Surtout, ils étaient de ma famille et si différents de mon père. Chez le jeune homme que j'étais et que rien n'avait préparé à recevoir l'ouragan de 1940, les exemples familiaux jouaient leur rôle. Pour autant, ils ne tenaient pas lieu de modèles.

Très jeune, j'avais été impressionné par une phrase de Goethe que je cite de mémoire : « *Méfie-toi de ce que tu souhaites dans ton adolescence, car tu l'obtiendras dans ton âge mûr.* »

Encore une fois, je ne rêvais pas de devenir comme mon grand-père ou comme mon oncle. Mais il est vrai qu'ils étaient les plus proches de moi. Peut-être parce qu'il manquait à l'un le fils qu'il avait perdu en 1914, et à l'autre celui qu'il n'avait jamais eu.

Cela n'enlevait rien à l'admiration muette mais inconditionnelle que je portais à mon père. Traditionaliste de conviction sur presque tous les sujets, il me semblait exemplaire. Pour ce qui est des rapports affectifs, je n'en eus guère avec lui qu'après la Libération et encore, à condition qu'ils ne donnassent lieu qu'à un minimum d'effusions.

En avril 1945, au lendemain du mariage de ma sœur, il m'écrivit : *« Quant à moi, je ne cesse de m'étonner de l'envahissement, dans l'esprit et dans le cœur, des enfants absents. »* J'étais dans le fond de la Bavière, et je me sentis concerné par cette déclaration.

Pourtant, dès la fin de 1942, après son départ de Vichy, il avait semblé manifester un peu plus d'intérêt pour ce que je pouvais penser (à condition qu'il ne s'agît pas du déroulement de la guerre).

Son mode d'expression était l'écriture. Sa vie culturelle tournait autour de la littérature. Encore que je me méfie de ce mot : soudain, il me paraît bien étroit.

J'ai retrouvé après sa mort des cahiers entiers de notes et d'ébauches de poésies.

Quand il sortait le soir, c'était rare, il venait attendre ma mère dans la salle à manger où ma sœur et moi finissions de dîner. Il aimait nous demander des rimes pour confectionner des bouts rimés :

> *« Ah ! plaignons nos pauvres parents*
> *Quand ils s'en vont dîner en ville*
> *Car leur bonheur n'est qu'apparent.*
> *Était-ce vraiment bien utile ? »*

C'est le seul quatrain que j'aie retenu, mais c'est ainsi que nous avons appris, ma sœur et moi, que tout événement pouvait se versifier, sinon se transformer en littérature.

Peut-être aurions-nous préféré avoir quelques explications sur ce que pouvait être un dîner en ville, ou bien sur cette conférence Molé-Tocqueville à laquelle il se rendait, seul, une fois par mois.

Il y retrouvait une partie de ceux qui se destinaient à la politique et pensaient qu'il fallait commencer par se perfectionner dans l'art oratoire. C'était la IIIe République.

Lui n'était pourtant pas l'homme des discours. Quand le marquis de La Ferronays lui proposa en 1924 de devenir député pour représenter Saint-Nazaire sur la liste « des droites », il refusa. Il ne lui aurait pourtant pas déplu de se présenter contre Aristide Briand, mais son propre père s'y opposa fermement.

De mon père je tiens sûrement le goût de la chose écrite. Par son seul exemple, il m'a donné celui de lire, mais je n'aurais pas eu l'idée d'acheter un livre avant dix-huit ans. Cette démarche-là appartenait au monde des adultes.

J'ai lu très tôt une partie de la courte bibliothèque qu'il possédait à Paris. Il n'y avait pas, comme à la campagne, cet entassement non programmé de livres qui ont plus ou moins bien résisté au temps, à cause de l'humidité ou de leur peu d'intérêt.

J'ai assez parlé de la rareté de nos échanges pour souligner avec insistance que c'est à mon père que je dois la chance d'avoir lu vers quinze ans *Mon amie Nane*, *Barnabooth*, *Adolphe* et *Le Bal du comte d'Orgel.* Cela m'a donné plutôt l'envie de lire que celle d'en savoir davantage sur la vie.

Les années passant, j'ai mieux compris ce que représentait la littérature pour mon père. Sauf pendant la guerre, il écrivait sans cesse, soit des lettres – compositions parfaites –, soit des romans pour se convaincre qu'il pouvait dépasser une imagination un peu courte, soit des poésies restées non publiées, écrites par goût des assemblages de mots.

Dans son sixième livre édité, *Vaisseaux de papier*, il imagine d'autres fins aux grandes histoires de la littérature maritime : ainsi, dans *Paul et Virginie*, l'héroïne accepte enfin d'enlever sa chemise ; elle est sauvée ; elle épouse Paul et ils ont beaucoup d'enfants. Dans la Bibliothèque rose, la comtesse de Fleurville envisage d'épouser l'amiral qui est venu la rassurer sur le sort du commandant de Rosbourg. « *Quel bonheur*, pense l'amiral, *de devenir le beau-père des petites filles modèles !* »

Et j'ai oublié comment il voyait la fin de l'*Odyssée*.

Qu'ils soient historiens ou romanciers, les écrivains sont aussi des lecteurs. Avec l'âge, ils sont de plus en plus sélectifs et ne parlent pas volontiers des auteurs qui leur tiennent à cœur – enfin, *encore* à cœur. Pudeur, modestie, jalousie ? Je ne sais.

J'ai vu mon père, les vingt dernières années de sa vie, lire alternativement et presque exclusivement Proust et Saint-Simon. Je n'ai pas bien compris d'où lui venait cet engouement pour les mondes clos.

Le Général ne parlait pas non plus des plaisirs qu'il avait trouvés à lire. Par deux fois, il m'a quand même dit combien l'avaient touché les personnages de Joseph Conrad. Une autre fois, il me confia qu'*Au bon beurre*, de Jean Dutourd, l'avait bien amusé. Certains prétendent qu'il aimait la poésie d'Albert Samain. Mais je ne sais pas si ceux-là lui veulent du bien.

« *Ceux qui n'ont pas connu la France en 1936 ne savent pas ce qu'est la douceur de vivre.* » On ne s'attend pas à lire cette phrase datée de 1968 dans les *Carnets* de Montherlant où les banalités sont assez rares.

Mais, au fond, dater de l'élection de l'assemblée du Front populaire l'avènement d'un système politico-social et militaire qui se terminera dans l'effondrement de la nation, voilà qui est assez raisonnable. Assez seulement, pas entièrement.

C'est peut-être la « *douceur de vivre* » qui demande des explications. Que Montherlant ait eu des raisons personnelles de trouver la vie douce entre 1936 et 1940, c'est probable et même certain. Et tant mieux.

Que les Français, dans l'ignorance absolue des politiques militaires qui auraient pu leur éviter la déroute, aient trouvé cette période plus agréable que la précédente ou la suivante, il appartient aux historiens de le dire. J'aurais tendance à le croire.

Ce qui m'importe dans ce « *travail de mémoire* », c'est de comprendre comment une certaine douceur de vivre, celle qui fut mienne, a contribué à produire ce Français plus ou moins représentatif de sa génération. Et préparé son évolution.

En 1936, je passais mon baccalauréat, en vertu de cette règle d'or non écrite : « huit ans – huitième », au terme de onze années dans la même institution catholique. Celle-ci était éloignée de mon domicile, ce qui m'obligeait à passer une demi-heure matin et soir dans un autobus, l'AB, plus tard le 16 (départ sept heures trente, retour dix-huit heures trente). La plate-forme de cet autobus était mon seul contact avec le monde extérieur pendant l'année scolaire. Sans parler des sorties scouts du dimanche, qui n'étaient qu'une projection écologiste hebdomadaire du « cours » où je me rendais le reste de la semaine. Des garçons très jeunes y étaient initiés à la vie de la nature par des hommes restés plus jeunes qu'eux.

Je n'avais, comme amis, que des camarades de classe. Les essais d'acclimatation des enfants d'amies de ma mère n'avaient pas donné de bons résultats. Du reste, le temps manquait pour cette diversification.

Parmi les camarades de classe, il se faisait heureusement une certaine sélection. Pour des raisons affectives, quelquefois sociales. Il ne faut pas prendre ces liens trop à la légère. Certains ont été tranchés par des parents ou des éducateurs, en général parce qu'ils devenaient trop étroits ; mais certains durent encore.

Pour ce qui est des neuf mois par an de scolarité, peut-on imaginer vie plus protégée du monde extérieur ?

Je ne suis entré dans un café qu'à l'âge de dix-huit ans, en sortant de l'hypokhâgne du lycée Condorcet. Je n'exagère pas. Mon grand-père, c'est vrai, faisait parfois arrêter la voiture devant un bistrot quand nous nous promenions ensemble. Mais c'était parce que le chauffeur avait soif. Moi, quand j'y entrais, c'était les yeux écarquillés par la curiosité.

Les vacances offraient évidemment quelques possibilités d'échapper à cette vie recluse pour ceux qui le souhaitaient ou simplement en imaginaient la possibilité. Les cadres de vie changeaient ; les emplois du temps offraient quelques plages de liberté.

Souvent, les Français qui en avaient les moyens envoyaient leurs enfants chez leurs grands-parents. Ce système assez généralisé présentait plusieurs avantages. Il était économique. Il modifiait moins que tout autre les habitudes. Il renouvelait peu les occasions de faire de nouvelles rencontres, du moins en dehors du voisinage. Accepté sans discussion et quelquefois depuis plusieurs générations, il renforçait la cellule familiale au-delà des agacements et frictions dus à la cohabitation. Enfin, il faisait souvent plaisir aux grands-parents et quelquefois aux enfants.

En tout cas, c'est le système qu'avait adopté ma famille, et je m'en trouvais très bien. Je passais les mois de juillet et de septembre chez mon grand-père maternel en Guyenne, et le mois d'août, je l'ai dit, chez mes grands-parents paternels en Bretagne.

On ne s'éloignait guère de l'Atlantique. Quel besoin ? La France du Nord et de l'Est était considérée comme froide, celle qui entoure Lyon comme étrangère, et celle du Midi comme mal fréquentée. En disant cela, je ne force pas le trait.

Mon père voulait conserver à ma vie une certaine homogénéité. Il pensait y parvenir par l'exemple plutôt que par le sermon. Il n'avait pas tort. Mais, à force de ne jamais s'expliquer, un modèle finit par devenir fragile. Inévitablement, il est rongé peu à peu par l'événement.

Pendant mes vingt premières années, je ne crois pas avoir pris conscience d'un seul événement majeur extérieur à mon milieu familial. Un père catholique, pratiquant de conviction, conservateur de tempérament et peu expansif ; une mère sensible mais intéressée seulement par son propre entourage : cela faisait en somme un couple de parents sans aucune faille, donc inatteignable. Et parfaitement protecteur.

J'ai tendance à revenir sur cet aspect protégé de ma jeunesse parce que, plus de cinquante ans après, c'est là que je trouve le décor le plus lisible de cette longue pièce sur laquelle le rideau s'ouvre en juin 1940 et dont je vais être l'acteur irrésolu. Un acteur dont j'essaie de reconstituer le jeu. Le mot *jeu* ne convient peut-être pas à un temps de guerre ; mais il est loisible et licite de l'utiliser pour rendre compte de l'ensemble des actions, des inerties ou des faux pas d'un homme au cours d'une période définie.

En dehors de ce système protecteur que je viens d'évoquer et qui pourrait faire à lui seul l'objet d'une longue digression, il y a le protégé. Le vrai sujet. Comment le système va en faire ce garçon qui aura vingt ans en 1940 ?

La vie à Paris, je l'ai dit, était sans surprise dans une famille sans histoires, exempte de ces interrogations que peut faire naître le monde extérieur. En tout cas jusqu'au baccalauréat. On considère que cet examen constitue juste un passage, aussi facile qu'indispensable pour toute carrière professionnelle, de quelque genre qu'elle soit. En 1938, c'était aussi le début d'un changement d'existence, la fin de l'encadrement scolaire.

Je dois tout de même noter un événement dans ma vie d'alors : le 7 février 1934 au matin, mon père, inquiet des nouvelles de la veille, m'avait accompagné lui-même en classe. Mais sans explication sur les conditions et les conséquences du 6 février.

Retrouver une certaine disponibilité pour faire des choix culturels, voire politiques, c'était l'après-bachot, l'après-dix-huit ans. L'après-vingt ans, aujourd'hui, pour ceux qui n'en peuvent pas moins, à cet âge, se présenter à l'Assemblée depuis deux ans déjà. Mais c'est de la bourgeoisie de 1938 que je parle, pas de ceux pour qui, aux champs ou à l'atelier, la vie avait commencé encore bien plus tôt.

Les choix étaient alors étroits. Politiquement élevé dans la suspicion de la démocratie (du mot, surtout), du Parlement (des hommes, surtout), je n'avais aucune expérience, aucune réflexion qui me permît de les élargir.

En troisième, beaucoup d'élèves de ma classe portaient de petits insignes ronds autour desquels on lisait « *Je ne suis pas député* ». Cela n'a pas empêché certains d'entre nous de le devenir, mais ce ne sont pas les événements de mai et de juin

1940 qui pouvaient nous rendre plus proches du système de la IIIe République, ni plus indulgents envers lui.

Pour moi, je dus attendre de pouvoir comprendre l'action du général de Gaulle pour que chaque chose prenne son sens et sa place dans cet immense domaine inexploré de la politique.

Après dix-huit ans s'offrait en revanche un autre éventail de choix très large : la lecture. Vers seize ans, mon goût pour les symphonies héroïques (Paluel-Marmont, Peyré, Dumas) avait disparu, malgré les efforts de ma mère qui continuait à me donner, à Noël, de superbes soldats de plomb dont mes petits-fils ne veulent plus, même pour décorer leur chambre.

Qu'est-ce qu'il me reste de cette période de grande consommation ? Les titres oubliés sont sans doute les plus nombreux. D'autres sont simplement évocateurs : les romans de Mauriac, les biographies de Maurois, Gide et Giraudoux, les premiers Montherlant, Barbey d'Aurevilly ou mon cher Mérimée... que sais-je encore ? Je sais seulement que j'ai lu, avant la guerre, des livres qui ne m'ont plus quitté depuis : les *Mémoires d'outre-tombe*, *Lucien Leuwen*, *Un Amour de Swann*, *Paludes*. Il ne faut pas sourire. On dit qu'il n'est pas difficile d'être une merveille à vingt ans ; mais c'est encore plus facile de ressembler à tout le monde.

Il n'y avait pas que les livres. Au cours de ces deux années qu'il faut bien appeler la fin de l'enfance, j'ai été imprégné de cinéma et de chansons. Ce ne sont pas là des maîtres exigeants.

Pêle-mêle : *L'Extravagant Mr Deeds*, *Top Hat*, *Quai des Brumes*, *La Charge de la Brigade légère*, *Mon père avait raison*, autant de moments qui me sont restés familiers. Toute ma génération a été éveillée par le cinéma. Et surtout par le cinéma américain, si poétique, de la fin des années trente.

Par la chanson aussi ; la chanson française avant tout. J'ai retenu, passé soixante ans, plus de chansons que de vers. Mac Orlan, Mireille, Trenet : quel cortège ! quel concert !

Livres, films, chansons, je les évoque parce qu'ils sont les tableaux qui décorent ce couloir par où l'on passe de l'enfance à la jeunesse.

Ce couloir n'est pas tout à fait le même que celui par lequel sont passés ceux qui avaient vingt ans en 1930. Leur « avant-guerre » à eux était aussi l'après-guerre de 1914. Nous n'avions pas le sentiment d'être les mêmes que ceux qui, à vingt ans, allaient danser au *Bœuf sur le toit*. N'empêche, n'empêche qu'après tout, nous allions perdre la guerre ensemble.

Dans un Paris qui nous faisait cadeau de journées ou de soirées de rêve, l'inconscience et l'insouciance des Français pendant l'hiver 1939 sont restées légendaires. Des mémorialistes ont discuté après la guerre de l'éclat plus ou moins brillant du bal de l'ambassade de Pologne au début de juillet 1939 par rapport à celui des Petits Lits blancs à la fin d'août ; je ne me prononcerai pas, n'ayant pas assisté au second. Mais j'ai le souvenir de cette course à des plaisirs qu'il serait hypocrite de juger sévèrement.

Quand Tardieu écrivait dans *Gringoire*, le 20 juillet 1939 : « *L'Axe sera défait en six mois* », cela ne me paraissait ni dérisoire, ni vraisemblable. Il s'agissait d'un monde virtuel.

Quand, le 28 août, au lendemain du pacte germano-soviétique, Charles Maurras écrivait : « *Mourons, certes ; il convient de mourir pour la patrie après avoir vécu pour elle* », cela semblait une vérité première qu'il n'y avait que peu de raisons de rappeler ce jour-là. Évidence étrange. Si étrange que la censure fut instituée le lendemain, le 29.

Je n'ai pas cherché à retrouver les propos ou les citations qui ont accompagné notre marche inconsciente vers le désastre de mai 1940. Si j'avais à les résumer, je m'en tiendrais à cette affichette vue dans un café célèbre, sur le port de Saint-Tropez, à la fin de 1939 : « *Manger du nougat, c'est défendre la France.* »

C’est à Paris que je passais les trois quarts de mon temps, mais le dernier quart, à la campagne, me paraissait plus proche de la vie.

C’est là, du reste, que je dus faire face à un choc inattendu : mon premier amour profitait innocemment de l’approche de la guerre pour m’abandonner et se fiancer à un officier plus âgé que moi. Je ne le connaissais pas, mais je voyais bien que la guerre allait le transformer en héros.

Dans les quinze jours qui suivirent l’annonce de ce drame sentimental, le pacte germano-soviétique fut signé et la guerre déclarée. Au fond, je ne fus pas beaucoup plus affecté par ces drames nationaux que par le mien.

La guerre, elle, était inscrite dans ma vision du monde. Le désir d’y participer allait m’habiter pendant cinq ans, tout au long d’une réflexion à laquelle elle donnait son unité et son sens. Et, une fois dans la bataille, plus tard, comme soldat, moi qui appartenais évidemment, comme écrit Drieu en juin 1940, « *à cette bourgeoisie acharnée au seul effort de fuir la vie* », je chercherais délibérément à éviter tout ce qui aurait pu m'éloigner du combat.

C'est à la campagne que je pressentais que « *chaque homme est lié au monde* » ; non pas à travers des activités agricoles, mais grâce à ces paysages dont Amiel disait que ce sont des « *états d'âme* » et Julien Gracq, dans une formule mieux adaptée, « *des chemins de la vie qui seraient en même temps, parce qu'éligibles, des chemins du plaisir* ».

Vis-à-vis des paysages naturels, j'étais – et suis resté – bien disposé. Pas d'exclusivisme. Je ne crois pas que la profondeur des goûts se mesure au degré de spécialisation. Des préférences, bien sûr : le chaud désordre des maquis corses ; la côte atlantique qui s'enfonce jusqu'où le vent d'ouest apporte sa saveur de sel ; et puis, bien sûr, ces vallons couverts de vignes de Guyenne, mais aussi en Toscane quand un dernier rayon éclaire la cime des cyprès et que le soir s'apprête à effacer leur ombre.

Assimilerai-je aux paysages la liturgie catholique ? Jusqu'à dix-huit ans j'ai pris part à ses fastes. Pour ce qu'il en reste, j'éprouve encore aujourd'hui plus que de la sympathie. C'était une colonne du temple de mon enfance. Dans le *Magnificat* ou le *Salve Regina*, j'ai longtemps retrouvé une émotion qui s'apparentait alors à une sensualité naissante.

Mon père prit son poste auprès de l'amiral Darlan le jour de mes vingt ans. Nous nous logeâmes à Vichy dans un petit appartement meublé, au-dessus d'un confiseur du cru : *Le Fidèle Berger*. Quand, après l'arrestation de Laval, Darlan s'installa en février 1941 à l'Hôtel du Parc où résidaient à la fois le chef de l'État et celui du gouvernement, mon père le suivit. Il était dans le bureau de gauche de celui de Darlan ; Tracou, le futur et dernier directeur de cabinet de Pétain, dans celui de droite. Il n'avait que le parc à traverser, pas plus de deux cents mètres, pour rentrer chez lui, tard le soir, plus tard encore qu'à Paris.

Il en fut ainsi jusqu'à ce jour de novembre 1942 où Darlan partit pour Alger voir son fils malade. L'amiral Battet, qui dirigeait son cabinet militaire, et mon père, directeur du cabinet civil, discutèrent amicalement mais fermement pour savoir qui ne l'accompagnerait pas. L'autre comptait bien en profiter pour prendre une permission inattendue mais bienvenue.

Ce fut Battet qui partit pour Alger, et mon père prit le train pour Libourne. Il allait voir sa femme. Il pensait quitter Vichy et son *Fidèle Berger* pour quelques jours. Il n'y revint jamais.

Nommé en décembre 1942 directeur d'Afrique-Levant aux Affaires étrangères, il refusa et demanda sa retraite de la marine.

Cette démarche était un peu plus qu'une simple démarche administrative. J'y reviendrai.

Pendant deux ans, cet appartement sur le parc avait été un peu le centre de la vie familiale. J'y passais quelquefois un week-end ou de courts séjours, mais l'endroit m'était devenu familier.

Un petit monde, mi-parisien mi-auvergnat, mi-militaire, mi-diplomatique, s'était reformé autour de ceux qui disposaient d'un toit ou de quelques moyens de ravitaillement autonomes.

Tant d'ouvrages historiques ont paru depuis plus de cinquante ans sur cette période ; tant de romans aussi, bien documentés du reste, mais écrits par des auteurs qui ne l'ont pas vécue, que je ne veux pas parler longtemps de l'anecdotique et souvent frivole climat des premiers mois de la vie à Vichy avant 1942. Mais je me rappelle assez bien cette atmosphère.

Le monde politique de la IIIe République qui était en train de disparaître passait à nos yeux pour coupable et déjà fossilisé. Celui qui arrivait nous était inconnu en dehors de son aspect mythique : Pétain, nous avions l'impression qu'il n'avait pas fait parler de lui depuis 1917. Nous ne savions pas encore que le Général disait de cet homme exceptionnel qu'il était mort en 1925.

Comme toujours, un minimum d'organisation sociale se met en place dans un nouveau campement. La nôtre, vu les circonstances, était en perpétuel mouvement. Entre les deux zones, on correspondait encore avec ces incroyables cartes préimprimées où il n'y avait qu'un adjectif à ajouter à une demi-douzaine de formules censées couvrir tout l'éventail des nouvelles qu'un humain peut attendre d'un autre.

La ligne de démarcation restait un obstacle sérieux aux déplacements. Imprévisible aussi, car les Allemands la fermaient complètement – y compris aux ministres : Bouthillier, ministre des Finances, en fit l'expérience – en cas de crise grave avec Vichy.

Les difficultés nous rendaient plus anxieux de voir nos amis restés au-delà de la ligne. Les relations devenaient vite intimes, parce que menacées, et nous rencontrions des gens qui ne nous étaient pas forcément destinés par leur âge ou leurs goûts.

André Germain, le banquier, sortait avec des cousines qui avaient quitté leurs propriétés du Bourbonnais pour se distraire ou pour travailler dans de mystérieux comités d'organisation. Rubirosa et Danielle Darrieux fréquentaient des sous-préfets sans pouvoirs que le naufrage du pays avait fait échouer sur les bancs de sable de l'Allier, cependant que la charmante fille de l'ambassadeur du Canada, Margot, jouait de la guitare pour donner une impression d'exotisme à ceux que ne contentaient pas les promenades dans ces allées qu'avait arpentées Larbaud.

Certains semblaient – ou prétendaient être – mieux informés que les autres. Ils n'étaient pas plus recherchés pour autant. Sur ce qui se passait en URSS ou aux États-Unis, ils n'avaient pas grand-chose à nous dire et les dépêches des agences américaines étaient assez bien reproduites. Sur ce qui se passait en France – l'arrestation de Laval, le procès de Riom, les hauts et les bas de la Révolution nationale – nous n'étions pas très curieux. Une seule information nous paraissait certaine et requérait notre attention de chaque jour : la France était occupée.

Il faut dire que, depuis le 10 mai 1940, nous n'avions pas été très gâtés en matière d'information. Quel ballet de fausses nouvelles et d'événements ignorés !

Paul Reynaud avait déclaré dans l'intimité d'un Conseil des ministres, dès le 16 mai : « *La guerre peut être considérée comme perdue.* »

Le 25 mai, le gouvernement britannique avait prescrit à ses soldats de ne plus « marcher la main dans la main avec les Français ».

Paul Reynaud avait demandé le 13 juin à Churchill de délier la France de l'engagement, pris le 28 mars, de ne pas demander seule un armistice.

Le même jour, le même Paul Reynaud avait estimé « contraire à l'honneur du pays » la déclaration de Pétain : « *Je resterai parmi le peuple français.* »

Le 7 août, la Grande-Bretagne avait reconnu le général de Gaulle comme représentant les intérêts de la France et prévu le financement de son action. Remboursable, bien entendu, au gouvernement britannique. Elle avait aussi stipulé que la force constituée par le général de Gaulle « ne pourra jamais porter les armes contre la France ».

Quelles étaient les positions successives et contradictoires prises par les ministres ou par les chefs civils et militaires des colonies françaises sur la continuation en juin 1940 de la guerre en Afrique du Nord ?

Quelles étaient les exigences d'Hitler en Afrique qui avaient été à l'origine d'un processus conduisant à Montoire ?

Je ne dresse pas ici de liste ; je ne fais qu'évoquer quelques figures de ce que j'ai appelé le « ballet de nos ignorances ». Nous étions arrivés, après la défaite, à un certain stade qu'on pourrait qualifier d'indifférence civique. Cet état est devenu difficile à comprendre aujourd'hui pour une autre génération, qu'elle ait ou pas les mêmes ressources intérieures que celles qui l'ont précédée. Mais pour nous, la plus grande partie de ces ressources étaient employées à faire face aux difficultés de la vie quotidienne. Et il faut bien dire que leur souvenir s'est, aujourd'hui, estompé.

Nous étions d'un égoïsme d'écorchés vifs. Il est plus ardu de parler sobrement de ce triste état que d'écrire l'Histoire. Quand on parle du passé, « *soit on oublie, soit on rabâche* », dit Paul Ricœur. On peut aussi faire les deux à la fois. Ce n'est pas une raison pour ne pas essayer de retrouver ses propres marques ; mais il s'agit rarement d'un exercice collectif.

Cité comme témoin lors du récent procès de Maurice Papon, j'ai rappelé que l'intérêt national, le souci de ne pas diviser les Français étaient la raison profonde pour laquelle le Général avait créé le mythe de l'inexistence de Vichy. À bien réfléchir, il y en a une autre.

Au fond, les Français dans leur ensemble n'ont pas bien compris que Vichy était un régime politique avec ses principes, ses institutions et ses Alibert. Ce n'était pas pour eux un État de droit, c'était un État de fait résultant de l'occupation du pays. Ce qui explique à la fois la facilité avec laquelle le monde parlementaire l'accepta et le peu d'intérêt que trouvèrent les citoyens à discuter, ensuite, des agissements de la Révolution nationale.

Ils vivaient dans la passivité une situation dont le Général, lui, tirait des conclusions pour agir. En tout cas, pour conforter ses raisons d'agir.

La Révolution nationale, c'était l'application partielle et hésitante du programme d'un régime totalitaire. Ce régime avait une particularité, ou plutôt deux. D'abord il avait, bien sûr, un chef unique et tout-puissant, mais il n'y avait pas de parti unique pour le soutenir. Qui a jamais cru à la Légion ? Ensuite, la destruction de ce régime totalitaire n'était pas – comme cela aurait dû l'être – l'objectif principal du peuple. Le peuple voulait avant tout chasser l'occupant. Avant de mettre fin à la Révolution nationale, avant de retrouver la IIIe République. Ou la IVe quand il avait un peu d'imagination.

Pour les mesures de la Révolution nationale, on verrait après. Certaines devaient être combattues tout de suite : celles qui touchaient au droit des personnes. D'autres, comme les comités d'organisation pour l'industrie ou la corporation agricole de Caziot, eussent pu être discutées. Mais où et avec qui ? On ne pouvait rien faire sans un minimum de démocratie. D'autres encore, concernant la famille, eussent pu être acceptées, mais d'un autre régime. L'existence même de la France était un problème qu'il convenait de régler avant tous les autres. Il fallait « saisir l'essentiel ».

Au début de 1941, je fus mobilisé pour quelques mois dans un de ces chantiers de jeunesse que venait de créer le général de La Porte du Theil.

Nous campions dans un site superbe, au cap Bénat, sous la conduite de jeunes « chefs » qui auraient préféré – semble-t-il – nous apprendre à démonter des fusils-mitrailleurs plutôt qu'à couper du bois.

La gestion de la forêt occupait une place importante dans notre activité. Celle-ci était un peu désordonnée. On raconte même que la duchesse de Montpensier, qui y chassait, s'était plainte de la façon dont les chantiers de jeunesse s'occupaient de la gestion de la forêt de chênes de Randan. Les Orléans n'ont pas toujours le sens de l'opportunité !

Nous allions nous baigner à Brégançon et escalader les ruines du fort abandonné. Nous n'étions ni des scouts ni des militaires. Un peu l'un, un peu l'autre ; un peu plus ou un peu moins selon les chantiers.

En réalité, nous ne savions pas très bien qui nous étions et nous n'avions pas envie d'en discuter. Pour nous distraire, nous chantions autour de feux de camp, nous prenions le petit train qui longeait la côte déserte jusqu'à Saint-Raphaël. Le petit train a disparu après la guerre, mais à Rouffach, à l'école des cadres de la Première Armée, en 1945, les chansons étaient à peu près les mêmes.

Le reste du temps, nous coupions du bois. Personne ne songeait à nous expliquer ce qu'était le régime de Vichy, dont nous étions pourtant une des vitrines les plus séduisantes. On ne nous tenait pas au courant de la guerre qui, comme beaucoup de vrais sujets, était de ceux dont on ne parlait pas.

Les chantiers suivirent l'évolution de ceux qui les dirigeaient et finirent, pour la plupart, transformés en maquis à partir de 1942. Tout les y destinait.

À Lyon, dans le monde étudiant où je revenais passer mes examens, on parlait davantage entre soi : dans ces bistrots autour de la faculté de droit où se retrouvaient chaque jour pour déjeuner les étudiants parisiens ; et aussi dans les rares soirées où l'on pouvait rencontrer des Lyonnais et des Lyonnaises de notre génération. Mais ils étaient peu expansifs et se méfiaient de ces « immigrés ». C'est pourtant avec l'une d'elles que je me fiançai.

On parlait encore très peu de Résistance. Certains réseaux commençaient à se structurer au début de 1942, mais avec prudence et de bien faibles effectifs. Alban Vistel et d'autres en ont fait le compte dérisoire pour la zone libre. La fusillade des otages de Châteaubriant date du 21 octobre 1941 et Jean Moulin n'est rentré de Londres qu'à la fin de décembre de la même année. À son retour de Londres (été 1942), Christian Pineau a prêté au Général une formule qui a fait fortune : « *La présence de la France, ce sont les Forces françaises libres. Si la Résistance peut y aider, tant mieux !* » Nous ne nous doutions pas que cette phrase contenait le germe de bien des affrontements.

Il n'est pas question de porter un jugement sur ce qui s'est fait ou pas pendant les années 1941-1942 pour organiser les mouvements de Résistance. Ni de prendre parti dans les querelles, parfois tragiques, qui se sont développées autour des décisions du Général. C'est lui, du reste, qui y mettra fin avec une sagesse et une détermination exemplaires.

Il s'agit seulement de rappeler que si, à la fin de l'été 1942, les Français étaient de plus en plus nombreux à croire à la victoire des Alliés (des statistiques le disent, paraît-il, et j'y souscris volontiers), bien peu s'engageaient dans une résistance active au « prétendu État » qui, pour reprendre l'expression de Raymond Aron, « *organisait l'équivoque* ».

C'est le Général qui, dans ses *Mémoires*, a écrit que, pendant ces années, l'existence en France était « *passive et ralentie* ». « *En apparence* », ajoute-t-il pour pouvoir développer longuement ensuite quelques preuves du contraire. Mais les adjectifs qu'il a choisis me semblent justes.

À Vichy, auprès d'un père qui était au cœur d'une activité gouvernementale bourdonnante, ni passive ni ralentie, mais combien secrète, à Vichy, quel temps faisait-il ?

J'ai déjà dit quelle admiration j'avais pour mon père, quelle confiance en son jugement. Mais cette confiance, je ne la puisais que dans l'exemple de sa vie, pas dans ses appréciations, ses prévisions ou ses commentaires. Il ne me gratifiait ni des unes ni des autres.

De la Révolution nationale, il approuvait tout ce qui lui paraissait aller dans le sens des grands principes que lui avait enseignés l'Action française, tout en étant profondément troublé par certains articles délirants de Charles Maurras.

On a sans doute exagéré le rôle de l'Action française dans la conduite des affaires à Vichy, mais pas dans la formation intellectuelle de ceux qui les menaient. Je pense à certains échanges de mon père avec Henri Massis, confident du Maréchal, ou avec Henri Moysset, fils d'un berger de l'Aubrac, devenu ministre d'État et ami intime de Darlan. Il m'est arrivé parfois de retrouver dans des conversations avec le général de Gaulle quelques considérations qui rappelaient ces échanges, notamment à propos de la nation et des constitutions.

Cinquante-sept ans après, ces sujets sont restés à l'ordre du jour. Je ne parlerai pas de la nation, car le Général a été cité trop souvent à l'occasion des élections européennes de 1999, et le plus souvent sans les commentaires qui s'imposaient. Mais, sur la Constitution, je ferai volontiers un saut en arrière pour rappeler que le pragmatisme décidé du Général ne date pas de l'après-guerre. C'est Louis Terrenoire qui m'a signalé, il y a bien longtemps, cette interview du Général au journal *L'Aube* daté du 25 octobre 1932 :

« Les institutions s'effondrent dès qu'elles cessent d'être accordées avec les nécessités de l'époque et, par suite, avec les mœurs. Alors, sans doute, la force les balaie, car telle est sa destination. Mais la composition des troupes a peu d'importance en l'espèce. C'est une affaire de consentement général. »

Destination de la force, composition des troupes, consentement général : voilà des expressions de 1932 qui étaient au cœur des discussions de 1942 ; elles me semblent même y être restées en 1944, 1946, 1958... et 1999 !

Pour ce qui est de la politique conduite au jour le jour par le gouvernement de Vichy, mon père ne pensait pas du tout que son rôle de directeur du cabinet civil de Darlan fût de la commenter. On a déjà compris que les problèmes de communication ne lui étaient pas familiers. À l'Hôtel du Parc, il était redevenu très militaire à la tête de son cabinet civil. Lui dont la carrière s'était entièrement déroulée de 1921 à 1939 au Service historique de la Marine, il avait retrouvé des réactions d'officier d'état-major.

L'amiral Darlan avait compris depuis longtemps ce que pouvait lui apporter un officier aussi cultivé, aussi discret et aussi peu carriériste ; aussi différent de lui, en somme. Il l'avait eu sous ses ordres en 1920 à Bonn quand il commandait la flottille du Rhin. Mon père y avait été affecté après la Première Guerre avec un camarade de promotion, le futur amiral Dupré, qui allait diriger le deuxième bureau de Darlan à Vichy.

Je n'ai pas connu personnellement Darlan, sinon pour lui avoir été présenté, mais je m'en suis fait une idée. C'était un radical du Sud-Ouest, très IIIe République : la vie à Nérac, des noms de famille du pays, son père ministre, lui-même attaché au cabinet de Georges-Leygues ; avec d'assez mauvaises manières : brutal, sans beaucoup d'autres convictions que l'intérêt de sa carrière et la protection de ce qu'il considérait à juste titre comme son œuvre – la flotte française. Il pouvait changer brusquement d'avis sur des problèmes essentiels. On dit qu'entre le 14 et le 17 juin 1940, son opinion aurait fluctué sur la nécessité de demander l'armistice.

En mai 1941, après son retour, il eut avec Abetz des conversations bien dangereuses sur l'utilisation des bases françaises au Moyen-Orient et en Afrique. Il réalisa rapidement (mon père n'y fut pas étranger) le risque qu'elles présentaient, et elles n'eurent pas de suite.

Par contre, personne ne lui reprocha jamais d'avoir hésité sur le destin de la flotte française au moment de l'armistice.

« *Quels que soient les ordres reçus*, disait une instruction secrète du 20 mai 1940, rédigée de sa main, à l'amiral Leluc, *ne jamais abandonner à l'ennemi un navire de combat intact.* »

Un féodal ne livre pas son fief, disait de lui de Gaulle à Churchill, le 16 juin 1940. Mais Darlan aimait aussi rappeler la phrase de Churchill à Pétain, le 6 juin 1940 : « *Les Français oublient, de génération en génération, quels ennemis implacables nous pouvons être.* »

C'est vrai qu'il comptait beaucoup de détracteurs, jusque dans la marine. En dehors de la politique qu'il essayait de mener, le personnage montrait plus d'autorité que de séduction. Les mauvaises langues ajoutaient que son opposition à Weygand venait de ce qu'il était jaloux de l'élégance naturelle du commandant en chef. Le départ de Weygand de son proconsulat d'Alger en novembre 1941 ne s'était du reste pas passé dans la bonne humeur.

Au fond, c'est à Pétain que Darlan ressemblait le plus : autorité puisée dans les succès militaires, opportunisme bien affirmé, goût du non-choix, confiance dans le temps. Pour Pétain, confiance dans « *la terre qui ne ment pas* » ; pour Darlan, dans la « *mer toujours recommencée* ». Était-ce bien une différence ?

Comme mon père, Darlan manifestait un authentique attachement à la gent maritime, plus homogène que d'autres milieux militaires. Si on n'y trouvait pas de collaborateurs (sauf peut-être l'amiral Platon qui deviendra secrétaire d'État aux Colonies), on y rencontrait peu d'anglophiles ; mais, en revanche, pas mal d'anglomanes ! Comment ne pas voir dans cette attitude un vieux sentiment d'infériorité et un peu de jalousie, les deux remontant à des origines très anciennes ?

Les pressions allemandes, le retour de Laval en avril 1942, puis son discours du 22 juin, après Montoire (« *Je souhaite la victoire de l'Allemagne* »), modifièrent en profondeur les sentiments des uns et des autres envers Vichy.

« *Le mythe Pétain a vécu* », écrivit le journal clandestin *Combat*. Je n'ai pas lu la phrase dans ses colonnes, mais cela devenait une vérité sensible à la plupart. Darlan avait été promu commandant en chef des forces armées et s'organisait en fonction de la situation nouvelle : il restait le dauphin. Mon père conservait le cabinet civil, Battet et Revers l'état-major, Auphan la marine, Bergeret et Dupré des postes clés. Bridoux était le seul élément peu sûr du dispositif. Le nouveau commandant en chef multipliait ses prises de contact sur le terrain et essayait – difficilement – de « *sculpter sa propre espérance* ».

Quant aux comportements vis-à-vis du gaullisme – des « dissidents », comme on disait dans certains milieux –, ils s'étaient curieusement inspirés, pendant de longs mois, de la fameuse lettre de Jean Monnet expliquant en juin 1940 au Général que ce serait une grande faute de créer une autorité française en Grande-Bretagne. Cette « *dépendance* » des Anglais avait largement motivé certaines oppositions, du moins quand elles n'étaient pas uniquement caractérielles.

Par la suite, Mers el-Kébir, Dakar, la Syrie remirent chaque fois en cause la situation déjà difficile des gaullistes, intégrés sur le plan des moyens à l'action de la Grande-Bretagne en guerre. Dans la marine en particulier, le ressentiment allait rester vif, jusqu'à la fin de la guerre, contre ceux qui auraient servi de troupes « d'appoint », voire de « mercenaires » à l'armée et à la marine britanniques.

À Vichy, on ne savait pas grand-chose des rapports du Maréchal avec les Anglais. Ce fut vrai pour la mission Rougier auprès d'Halifax. Un peu moins pour celle de Chevalier, qui donna lieu à un communiqué, du reste controversé par les Anglais ; le fait qu'Auphan l'avait en partie organisée ne leur plaisait pas. Du fait d'amitiés personnelles, mon père me semble avoir été mêlé d'assez près à certains contacts, mais, bien entendu, il n'en parlait jamais. Ceux qui m'en parlaient cherchaient à jouer à tout prix aux hommes bien renseignés. J'observais déjà que jamais ils n'avaient de contact avec les gaullistes de Londres.

On faisait son bonheur du fameux rapport sur le gaullisme de l'amiral Leahy, ambassadeur des États-Unis à Vichy. Une phrase particulièrement comique est restée célèbre : « *Il n'y a que peu de gaullistes en France, ils ne paraissent posséder ni l'intelligence, ni l'importance sociale indispensables pour assurer leur succès.* »

En fait, nous ne savions pas grand-chose des prodiges de détermination et d'habileté que devait déployer le Général pour maintenir cette fiction d'indépendance qui justifiait la France libre, devenue la France combattante en juillet 1942. Une fiction qui la justifiait d'abord vis-à-vis d'elle-même.

L'affrontement sur le thème de la légitimité n'avait jamais cessé. On a écrit : « *De Gaulle n'en a jamais fini de se rassurer sur sa propre légitimité.* » Ce n'est pas exact. Il en a fini le 18 juin en prononçant l'Appel au micro de la BBC.

Sa légitimité est une certitude qui ne l'a jamais abandonné. La réaffirmer, ce n'était pas en douter.

Peu à peu, mais lentement, les Français vont comprendre les raisons de cette certitude. Chaque fois qu'il l'expliquera, ce ne sera pas pour rassurer, mais pour convaincre. Certains ne seront jamais convaincus. Je pense à Dumoulin de La Barthète, directeur du cabinet du Maréchal, qui, parlant de la création des institutions de Vichy, disait : « *La légalité a subi quelques éraflures, mais la légitimité s'imposait.* » Dès le début de 1943, il s'engagea activement dans la Résistance, mais cela ne le fit pas changer d'avis.

J'ai eu plus tard l'occasion de vérifier ce dont j'avais le pressentiment en cette fin d'année 1942. Le général de Gaulle s'en tenait à une idée simple : sans souveraineté, et même si celle-ci était formellement reconnue par l'armistice, l'État français n'existait plus. La nation, sans État, n'avait plus de forme. Rome n'était plus dans Rome !

Cette idée se concrétisait dans un projet qui avait un nom : la Victoire, et lui-même ne se laisserait jamais écarter de ce qui était nécessaire à sa réalisation.

Le maréchal Pétain avait également une idée simple, mais elle ne comportait aucune possibilité d'action. Pour l'appliquer, on devait subir : « *L'armistice est à mes yeux la condition nécessaire de la pérennité de la France éternelle.* » Il faut s'en tenir à cette déclaration qui frappa tant Paul Reynaud, le 13 juin 1940.

Depuis, on a tout dit et écrit sur Pétain. Avant de peindre son remarquable portrait dans les *Mémoires*, c'est le général de Gaulle qui avait usé, dans *La France et son armée*, en parlant de lui, des mots les plus forts : « *excellent à saisir en tout l'essentiel* ». Je me suis toujours demandé si le vieux Maréchal avait, à un certain moment, retrouvé ces termes et leur auteur dans sa mémoire incertaine.

Je viens d'écrire le mot « essentiel » et je m'aperçois que j'ai du mal à parler de ce qui ne l'était pas. Bien sûr, chaque moment est essentiel dans la vie de chacun. Et sa relation s'appelle quelquefois l'Histoire. Bien sûr, ma génération n'a pu rester complètement indifférente à ce que faisait ou ne faisait pas Vichy.

Pour ceux qui, comme moi, étaient attachés par leur formation et leur milieu aux convictions de la droite libérale classique, ils approuvaient une partie de ce qui favorisait le travail et la famille.

Ils étaient conscients bien sûr de ce qu'avaient de dérisoire les entreprises à vocation patriotique, comme la Légion des combattants à ses débuts. Sans parler de son évolution vers la criminalité la plus odieuse.

La liste serait longue de tout ce que nous condamnions dans les activités du gouvernement de Vichy depuis les premières mesures antisémites. Il serait du reste inutile de la dresser et ce n'est pas sur sa longueur que nous jugions Vichy. Avant tout, nous étions des Français asservis.

Quant aux institutions, dans l'entourage du maréchal Pétain, on nous rappelait que « *la République n'avait jamais fait l'objet d'un désaveu* ». Il est vrai, ajoutait-on avec un sourire, qu'elle « *n'avait jamais été mentionnée non plus* ». Mais qui s'occupait vraiment des institutions dans ce pays occupé ? Le garde des Sceaux, peut-être.

Nous n'avions pas fait la guerre, mais nous l'avions perdue quand même, et c'est vrai que nous avions été, après le typhon de juin 1940, indifférents à ce qui se passait dans cette zone libre qui allait, en 1942, perdre définitivement cette qualification de « libre » dont nous avions lentement réalisé, au fil du malheur et de la honte, qu'elle ne pouvait lui convenir.

Jusqu'au triomphal voyage que fit Pétain en avril 1944 à Paris, les Français vont manifester de la sympathie à sa personne ; mais ils savent bien que Pétain est mort à nouveau le 11 novembre 1942, achevé par l'effacement d'un État qu'il avait peut-être pensé rendre crédible. Le faire-part fut rédigé quelques jours après, à

Londres, par Joseph Kessel dans le journal *France* :

« *Il y a bien à Vichy un vieux monsieur aux traits réguliers qui se promène chaque jour à des heures régulières dans les allées du parc, un vieux monsieur à qui les Allemands permettent que les gendarmes rendent les honneurs. Mais le maréchal de France Philippe Pétain est mort.* »

J'ai dit *nous* jusqu'ici en parlant de ceux de ma génération qui réagissaient comme moi. Quand je dis *nous* maintenant, c'est parce que j'ai le sentiment qu'en cette fin de 1942, tous les Français ont à peu près le même âge.

Mais, comme le disait avec à propros Emmanuel Le Roy Ladurie : « *je ne témoigne que sur moi-même* ».

Je ne suis pas retourné à Vichy après le mois d'octobre 1942. L'appartement au-dessus du *Fidèle Berger* a fermé ses portes et je n'ai plus pris de verre de saint-pourçain, le soir, avec des fonctionnaires qui réfléchissaient à leur avancement en faisant bouger de petits drapeaux sur de grandes cartes. À Paris, des ambassadeurs de France se réunissaient en secret pour que personne ne les oublie plutôt que pour se cacher. Certains d'entre eux gagnèrent Alger à la fin de

1944 par des moyens presque officiels. Touristiques parfois.

Mon père, lui, avait pris sa retraite et allait partager son temps entre Paris et ses vignes. Il était de plus en plus éloigné de l'actualité. Plus proche de sa famille, aussi. Il venait d'avoir cinquante ans et lui qui avait tant aimé écrire des romans, des études et des vers, n'envoyait plus que des lettres composées, détaillées, rédigées avec un grand soin et destinées aux siens ou à des camarades de la marine.

J'étais à ses côtés quand, le 24 décembre 1942, triste mais impénétrable, il apprit par la radio l'assassinat de Darlan, et je revois son air inquiet, mais bienveillant et pas surpris, quand je lui annonçai, trois mois plus tard, mon départ pour l'Espagne.

Ainsi, en novembre 1942, il n'avait rejoint ni Vichy, ni Alger où il aurait pu poursuivre sa carrière de marin ou de diplomate. C'est seulement dans la solitude, cette sorte d'exil intérieur, qu'il avait cru pouvoir trouver la réponse à la question que lui posait la divergence de deux destinées. Deux hommes les personnalisaient : Pétain et Darlan. Envers ces deux hommes, il estimait avoir pris en juin 1940 des engagements qu'il était convenable de tenir. Sans oublier que Laval était de nouveau au pouvoir. De ce pouvoir, même fantomatique, l'absence de Darlan avait détruit l'équilibre.

Le monde changeait vite. Depuis le retour de Laval, en avril 1942, il y avait eu Bir Hakeim en juin, la rafle du Vél' d'hiv' en juillet, le débarquement allié au Maroc et en Algérie le 8 novembre, l'occupation de la zone libre le 11, le sabordage de la flotte française le 27, El Alamein en octobre 1942, Stalingrad en janvier 1943.

Que l'évolution des batailles en cours ait fait réfléchir les Français, c'est certain ; mais je pense qu'il serait injuste de s'en tenir là.

Depuis la fin de la guerre, que de thèses, de discours, de déclarations, d'allusions ont été défendus, prononcés, proclamés ou susurrés sur l'état de l'opinion publique en France, particulièrement au cours de cette période où l'issue de la guerre se précisait !

Cette période fut remplie d'aventures cocasses ou tragiques. Mais il faut bien dire qu'elle ne fut pas une des plus faciles à vivre. J'en garde le souvenir d'une extrême confusion dans les esprits et aussi d'une aggravation de la pénurie et, pour beaucoup, de la misère.

« *C'est à travers les restrictions qu'elle entraîne que le plus grand nombre sera touché par la défaite.* » Il y a dans cette phrase du *Journal* d'André Gide un cynisme inattendu. Mais comment oublier qu'à cette époque Jacques Le Roy Ladurie, quelques mois ministre de l'Agriculture, dut se battre contre certains de ses collègues pour maintenir à trois cents grammes la ration quotidienne de pain ?

Les aventures extraordinaires, nous en avons tous vécues, mais la plupart nous furent racontées après la guerre par les Mémoires ou les Souvenirs.

C'était ce capitaine de corvette, devenu amiral depuis lors et qui joua un rôle important dans la Résistance, demandant au commandant de son bateau si le serment prêté au Maréchal était compatible avec son entrée dans le réseau Notre-Dame (la CND de Rémy) !

Ou encore un ministre de Vichy allant à Genève demander aux Anglais de ne pas compliquer, par leurs bombardements, les circuits de ravitaillement en France pendant un certain temps.

Stanislas Mangin racontant que le général Weygand, invité à pénétrer dans le bureau du maréchal Pétain à l'Hôtel du Parc, aurait claqué les talons et clamé à très haute voix : « *Zum Befehl* [à vos ordres] *! C'est bien comme ça qu'on dit, ici ?* »

En juillet 1942, le même Mangin, rentrant à Londres, récupéré en France par un des premiers *Lysander* anglais, déclarait à de Gaulle : « *L'hy-*

pothèque Weygand est levée. » Weygand lui avait en effet refusé de se lancer dans une action en Afrique du Nord, ne voulant pas rompre les engagements qu'il avait pris vis-à-vis de Pétain. Le représentant du chef de l'État en Afrique du Nord était, il est vrai, l'objet de nombreuses sollicitations venant de tous les horizons et le sujet d'interminables discussions dans tous les milieux de Vichy.

Étrange, enfin, cette deuxième moitié de 1942 où Philippe Vianney, dont on connaît l'action dans la Résistance, écrivait en juillet dans le clandestin *Défense de la France* : « *Je ne veux pas mettre en cause le patriotisme et la bonne foi du Maréchal.* » Le nom du Général ne fut du reste mentionné dans ce journal qu'à la fin de l'année (dans le numéro 25) !

La période qui suivit le débarquement américain en Afrique du Nord n'arrangea rien. Du moins jusqu'à l'arrivée du général de Gaulle à Alger en mai 1943. Mais, dans les facultés de Lyon, avec ce tournant de l'Histoire, les étudiants se sentirent plus directement concernés et prirent des positions plus claires. Les échanges d'opinions se firent plus vifs. Cette vivacité était entretenue par le climat d'agressivité que nous percevions entre les Forces françaises de l'intérieur et le reste de l'armée d'Afrique.

Je reviendrai sur ce qui s'est passé à Alger mais, bien que ce fût de manière moins spectaculaire, les rapports des Français avec Vichy commencèrent à changer de nature. Désormais, ils se préoccupaient décidément beaucoup plus du conflit, de la manière dont il allait évoluer, que des dernières secousses de l'agonie du soi-disant « *gouvernement de l'État français* ».

Une tentative de passage outre-Pyrénées me confirma dans cette opinion. Avec quatre amis, nous avions décidé, en février 1943, de rejoindre l'Afrique du Nord par l'Espagne, la veille ou l'avant-veille du jour où la liberté de circulation devait être rétablie entre les deux zones. Nous avions suggéré au passeur d'attendre deux ou trois jours pour que cette contrainte eût disparu. Il nous expliqua que c'était un mauvais calcul et que le contrôle dans le train serait plus strict, une fois la ligne disparue.

C'est ainsi que, faute d'*ausweiss*, nous fûmes arrêtés par les Allemands et débarqués en rase campagne peu avant la gare d'Angoulême.

J'évoque cette aventure parce qu'elle fut précédée de deux entretiens avec ceux qui l'organisaient (dans un petit bureau de la rue Lauriston !), au cours desquels on insista pour savoir si nous partions rejoindre les Forces françaises libres ou l'armée régulière. Cela ne me paraissait pas être un choix urgent. Mais je sentais bien que mon indifférence était considérée comme étrange, voire suspecte.

J'ai évoqué l'approbation tacite de mon père à l'annonce de mon départ. Quand je le revis après cette équipée, en février 1943, il m'indiqua que je pouvais m'adresser à un de ses cousins, ancien officier et pour le moment intendant de police à Toulouse. Il y avait organisé une filière de franchissement des Pyrénées qui avait assez bonne réputation. Mais elle supposait qu'au départ on s'engageât dans la police pour un temps qui n'était pas précisé. Je ne donnai pas suite.

C'est la seule fois, je crois, que nous avons évoqué, mon père et moi, un problème aussi proche de ce fonctionnement de Vichy qu'il avait pratiqué, puis abandonné sans regret après le départ de Darlan pour Alger. Mais il restait persuadé que de Gaulle, dont il ne prononçait jamais le nom, avec son entourage de « *gauchistes, de démocrates et d'aventuriers* », de Gaulle, avec cette écrasante tutelle britannique dont il ne faisait pourtant qu'imaginer le poids à travers le monde, se révélerait être un obstacle à la « *refondation* » de la France après la victoire des Alliés, telle du moins qu'il la souhaitait. C'est lui, pensait-il, qui rétablirait cette IIIe République qu'ils condamnaient tous deux pour des raisons à peu près semblables. Celles qu'avançait en 1934 celui à qui ils vouaient une commune admiration : André Tardieu.

C'était pourtant de ce de Gaulle honni que mon père était humainement le plus proche ; ces deux militaires de la même génération appartenaient au même milieu, et des parents sévères leur avaient prodigué la même éducation, la même formation. Tous deux aimaient écrire. Pour être jansénistes, il me semble qu'ils ressentaient un peu de la même manière le mystère de la grâce. Tous deux enfin renoncèrent, à peu près à la même date, après la guerre, aux mêmes cigarettes anglaises.

Mais, pour eux, le maréchal Pétain était mort à deux dates différentes. En 1925 pour le Général ; en 1942 pour mon père. Il y avait là une vraie différence.

Le système de la « relève », qui consistait à faire rentrer un prisonnier pour trois volontaires allant travailler en Allemagne, ayant été un échec, il fut remplacé par le système du travail obligatoire. Ma classe fut mobilisée le 17 février 1943 pour partir au STO en Allemagne. Il fallait donc soit rejoindre un maquis, soit trouver un emploi dérogatoire si l'on voulait échapper à ce que l'on a appelé – improprement, du reste – la « déportation du travail ». Pour les maquis, ce fut une période d'intense recrutement ; il était normal que ce fût aussi une période de confusion.

Pendant quelque temps, les discussions entre étudiants ne roulèrent plus sur ce qui se passait à Alger, mais sur le point de savoir s'il était admissible que certains d'entre nous pussent choisir de partir en Allemagne pour ne pas abandonner les ouvriers qui travaillaient dans les entreprises appartenant à leur famille. Au nom de la cohésion sociale, d'aucuns furent victimes de ce paternalisme mal compris !

Mon père m'indiqua le nom de quelques-uns de ses amis qui, dans la marine marchande, avaient organisé l'embauche de réfractaires au STO, et j'entrai ainsi à la Compagnie générale de traction sur les voies navigables pour conduire des « tracteurs » ou de petites motrices électriques qui halaient les péniches sur les canaux et les rivières.

Mon nouveau métier me conduisit dans l'Est et dans le Nord, là où il n'y avait que peu de maquis, mais beaucoup de péniches. Parallèlement, le mini-réseau de sabotage des écluses exerçait une activité qui me convenait d'autant mieux qu'à chaque opération nous étions mis en chômage technique.

Cette activité de marinier, d'éclusier, de chauffeur ne me déplaisait pas, mais elle était un peu solitaire et j'essayai de faire des séjours à Paris, à Lyon ou à Siaurac pour renouer quelques échanges et recueillir quelques informations.

En avril 1944, je décidai de rester en Gironde, sans papiers.

Toute cette longue année qui précéda le Débarquement, nous l'avons vécue dans une attente fiévreuse de la bataille.

D'autres, ayant choisi la clandestinité des maquis, ont connu à cette époque l'organisation plus ou moins fébrile, elle aussi, de la Résistance. Si les maquis avaient tendance à s'organiser sur le plan interne, leur coordination laissait à désirer et certaines régions, comme le Sud-Ouest, devenaient de véritables fiefs. Les communistes en avaient souvent pris la tête. Les rapports avec eux n'étaient pas faciles. Leurs ambitions n'étaient évidemment pas celles du Général. Ils voulaient non seulement faire oublier leur attitude en 1939, mais créer les moyens armés d'imposer leur loi dans l'État au moment de la victoire. Les milieux de la droite libérale – comme on dit aujourd'hui – commencèrent dès cette époque à prendre conscience de cette ambition. En fait, les problèmes qui avaient été posés à beaucoup de Français par les gaullistes pendant les deux premières années de l'Occupation n'existaient plus. De Gaulle était considéré non comme un général victorieux, mais comme l'incarnation de cette République qu'il allait restaurer. Mieux encore, il était celui dont l'image se confondait avec celle du sol français libéré. Je préfère cette formule, car il est vrai qu'en France il n'est pas facile de parler de *restauration* ou de comparer les restaurations les unes aux autres ! En 1944, à ceux qui accompagnaient le Général, on ne pouvait tout de même pas appliquer l'apostrophe célèbre de Rivarol en 1792 aux premiers émigrés qui imaginaient leur retour en France : « *Ils prennent leurs souvenirs pour des droits* » ! Sortis de nulle part, poussés à l'action par le patriotisme le plus élémentaire, n'ayant eu dans la politique d'avant ni position ni parti pris, bien peu d'entre eux, en 1944, avaient des souvenirs...

Cette Gironde où je passai les trois derniers mois précédant le Débarquement, cette campagne de vignes, pays de monoculture, avait un double caractère. D'une part, elle ne produisait que du vin, et cette production était strictement contrôlée ; personne ne songeait donc à la sillonner pour y trouver du beurre ou de la viande : il n'y avait pas de quoi nourrir des animaux. Chacun vivait chez soi – plutôt mal, d'ailleurs – mais sans grand risque de faire de mauvaises rencontres. D'autre part, c'était une campagne très habitée : de toutes petites propriétés, sans bois ni vallonnements. Il était difficile de s'y cacher ou de circuler sans être vu. Le maquis était plutôt cantonné dans la forêt de la Double ; au nord, vers les Charentes, ou dans ce Périgord qui commençait à quelques kilomètres de chez nous.

Ces caractéristiques géographiques expliquent en partie la faiblesse des organisations de Résistance en Gironde. Faiblesse qui a été souvent mentionnée par les historiens, mais sans en donner les raisons géographiques.

Les Allemands étaient concentrés autour du port de Bordeaux. C'est là que s'organisa un des premiers réseaux de renseignement à l'initiative d'un chef pilote de la Gironde, le colonel Fleuret, que je devais retrouver en 1947 à la tête du RPF local. À partir de juin 1944, le modeste réseau que nous avions organisé entre voisins, aux environs de Libourne, sous la direction d'un ancien officier, retrouva un peu d'activité pour transporter des armes ou recueillir des renseignements sur les mouvements des troupes allemandes, et trouva aussi quelques prudents concours parmi une population craintive et soucieuse de sa tranquillité. La conclusion de ces actions fut la libération de Libourne dont les Allemands étaient du reste partis dans la nuit...

Mon père avait non pas recouvré un calme qu'il n'avait jamais perdu, mais atteint une sérénité qui lui permettait de suivre avec une passion silencieuse les campagnes des Alliés. Face aux tribulations des gouvernements de Pierre Laval, que celui-ci créât la Milice ou ouvrît ses portes à

Brinon, il était comme le Don César de Roger Vailland : « désintéressé ».

Comme témoignage de cette sérénité, j'ai conservé une lettre qu'il m'envoya plus tard, quand j'étais en Allemagne, le 5 mai 1945. Il m'écrivait : « *Tout le monde, ici, sent bien que ce n'est pas une fin de semaine comme les autres.* » C'était son style ; en décembre 1940, après son premier retour à Paris, il m'avait écrit : « *Le travail est le seul moyen de supporter cette ennuyeuse période.* »

Cette période, pour moi symbolisée par les lentes péniches, les déplacements hasardeux, les cartes d'identité douteuses, fut pour certains celle de la fin des incertitudes. La guerre redonnait une unité à un pays en apparence déchiré. D'abord, elle le rapprochait physiquement des champs de bataille ; et puis, une fois Giraud sorti du jeu, à l'été 1943, c'était autour du général de Gaulle que, visiblement, l'État se reconstituait. Vers lui venaient ces Français de toujours, qu'ils eussent ou non approuvé l'armistice.

L'unité de la nation, tant recherchée par le Général, mais avec tant d'hésitations en 1942 à travers les propositions inconciliables de Jean Moulin et de Pierre Brossolette, était maintenant en train de prendre comme une mayonnaise.

Dans ses *Mémoires*, le Général écrit : « *Dans les entreprises humaines, il advient qu'en vertu d'un effort de longue haleine, on obtienne souvent un élan unique d'événements divers et disparates.* »

L'élan unique, c'était la course aux armes.

Dans la vie politique, j'ai vu se monter et se développer des opérations d'envergure pour obtenir une faveur, un poste, un passe-droit quelconque ; je n'ai jamais rien vu de plus compliqué que de s'engager, en 1944, « *pour la durée de la guerre* », dans une unité qui la fît. Ce n'était pas qu'il y eût tellement de candidats, mais chaque chef de corps avait sa propre politique, et les moyens de chacun étaient évidemment dispersés et mobiles.

Après quelques tentatives infructueuses, je réussis à découvrir par hasard, à trente kilomètres de chez moi, un centre de recrutement de la 9e division d'infanterie coloniale qui avait débarqué en Provence avec la 1re armée et qui procédait, selon l'expression consacrée, à son « blanchiment ». Il s'agissait – et, de la part du général de Lattre, c'était audacieux – de remplacer les soldats noirs africains par des engagés volontaires provenant des maquis, des réseaux ou des centres de recrutement. Je parle d'audace, car les cadres qui venaient d'Afrique éprouvaient un certain sentiment de supériorité compréhensible vis-à-vis d'engagés bien moins expérimentés.

En effet, après quinze jours de stage, je fus expédié au 21e régiment d'infanterie coloniale comme sergent-chef. Je rejoignis mon régiment alors qu'il entrait dans Mulhouse ; et, au mois de mai, j'étais avec lui sur les bords du Danube. Entre les deux, la campagne d'Alsace, l'école de Rouffach, la traversée du Rhin, Karlsruhe, Rastatt, l'occupation du Bade-Wurtemberg furent la justification de la phrase du cher Alain : « *Ce qui plaît dans la guerre, c'est qu'on la fait.* »

Mais ce fut surtout l'occasion d'émotions profondes. Une seule les résume et les justifie toutes. Ce fut du reste chronologiquement la première à m'être offerte.

Au cours de l'assaut donné à une cité minière, près de Mulhouse, j'appuyai pour la première fois sur la gâchette de ma carabine américaine. Je tirais pour chasser ou tuer les occupants allemands de quelques maisons alsaciennes en ruine qu'occupaient jadis des mineurs polonais.

Cette émotion, je savais à qui je la devais.

Je savais pourquoi, équipé par les Américains, j'allais poursuivre l'armée allemande au-delà du Rhin, sous les ordres d'officiers français, derrière le drapeau d'un régiment français.

Les petites ou grandes surprises quotidiennes dont la guerre est faite ne se racontent pas. Elles finissent par ne plus surprendre.

Je fus en revanche bien étonné d'apprendre, le 6 mai 1945, que j'avais été élu conseiller municipal de la commune de Néac où je suis né.

Une délégation était venue proposer à mon père de figurer sur la liste municipale. Il avait dit que son passé vichyssois pouvait être gênant et qu'il valait mieux y mettre son fils. On lui avait répondu que c'était une bonne idée, quoique ce ne fût pas l'habitude, en ces affaires, de sauter une génération. Je fus donc élu sans avoir été candidat. Il ne me restait qu'à remercier mes premiers électeurs. Sur cette liste municipale sans étiquette, il y avait onze noms sans appartenance politique ni signe distinctif. Devant le mien seulement, mes collègues avaient inscrit : « *Résistant, engagé volontaire aux armées de l'Est.* » La repolitisation du Sud-Ouest n'était manifestement pas encore amorcée.

Montaigne, élu maire de Bordeaux pendant son voyage en Italie, avait trouvé à son retour une lettre d'Henri III qui lui enjoignait « *bien expressément, et sans délai ni excuses... de revenir au plus tôt* ». Je n'avais pas besoin d'une lettre du roi pour être pressé de rentrer !

Pendant cet hiver de campagne, mon père eut la délicatesse de ne me parler qu'allusivement de sa révocation.

Un décret du 5 février 1945 l'avait en effet « *révoqué* » du titre et des fonctions de ministre plénipotentiaire que lui avait octroyés un décret du 16 avril 1942 signé Pétain. Parce que, disait le décret de 1945 signé de Gaulle : « *nommé par l'autorité de fait se disant gouvernement de l'État français* ».

Mon père allait attaquer en Conseil d'État cette mesure qui fut cependant confirmée le 30 mai 1951. Je ne m'étendrai pas sur le mémoire déposé par l'avocat de mon père, le président de Ségogne, ni sur les arguments manifestement suggérés à la Haute Juridiction par le ministère des Affaires étrangères ; j'évoquerai deux points particuliers, secondaires mais sensibles pour mon père et donc pour moi.

Dans son mémoire ampliatif, le président de Ségogne avait démontré que, si la nomination de mon père pouvait être annulée, il ne pouvait être révoqué. Dans ses observations écrites, du reste en partie injurieuses, le rapporteur de la section du contentieux le reconnut puisqu'il écrivit :

« *Vainement M. Guichard soutient-il que l'administration ne saurait le révoquer. Une erreur de terminologie ne saurait avoir une influence quelconque sur la régularité d'une décision à laquelle n'ont jamais été attachées les conséquences d'une mesure disciplinaire.* »

M. de Ségogne répondit :

« *Nous ne pourrions nous résoudre à penser que le Conseil d'État pourrait... en venir à assimiler un décret de révocation à un décret qui s'est borné à prononcer le retrait pur et simple d'une mesure antérieure.* »

Il est permis, en effet, de rester perplexe devant le sort réservé par le Conseil à ce qu'il appelle une « *erreur de terminologie* ». L'étonnement passé, il ne reste qu'à se féliciter d'une révocation qui constitue une erreur et qui « *n'a pas de conséquences disciplinaires* » !

Seconde particularité : professeur à l'École de Guerre maritime, mon père enseignait le droit de la mer à l'École libre des Sciences politiques. L'école *libre*, sous la signature de son président, André Siegfried, lui écrivit ses remerciements

« *chaleureux pour le passé* », et ses regrets de devoir mettre fin à son enseignement pour tenir compte « *des liens très étroits de l'École avec l'État* ».

Mon père ne me parla jamais de cet incident, et je ne connus le dossier qu'après sa mort. Il fut surtout peiné de devoir abandonner ses élèves des Sciences politiques. Pour le reste, je crois qu'il n'imaginait pas que la République restaurée pût se conduire autrement.

Sur ce point, nous étions d'accord, mais pour des raisons différentes ; toute discussion entre nous eût donc tourné court.

Mes conversations avec le Général depuis 1947 m'ont fait comprendre les raisons profondes, liées à la préservation de l'unité nationale, pour lesquelles il avait cru devoir juger que le régime de Vichy n'avait pas existé. Ce régime s'était contenté de « *se dire gouvernement de l'État français* ». Comment un *soi-disant* gouvernement eût-il pu gouverner ?

Pour moi, une fois oubliée l'« *erreur* » du Conseil d'État, mon père n'était que la victime innocente du mythe du « *soi-disant État* ».

Mais, que ce raisonnement eût des motivations profondes ou pas, mon père était de ceux pour qui deux plus deux font toujours quatre. C'est une opinion généralement considérée comme conservatrice.

Pour les soldats, la guerre se terminait. J'avais même eu le privilège, le 18 juin 1945, étant le plus grand de ma compagnie, de descendre les Champs-Élysées au premier rang, sous l'œil goguenard du Général. Il me parut un peu indifférent à notre belle prestance. Mon régiment d'infanterie coloniale, qui allait devenir infanterie de marine, devait rapidement s'embarquer pour l'Indochine. Cela ne faisait pas partie de mon programme. J'étais engagé volontaire pour la durée de la guerre, et la guerre me paraissait finie. Je n'avais pas d'inclination pour les aventures coloniales.

J'eus autant de mal à sortir de l'armée que j'en avais eu à y entrer. J'y parvins cependant au prix d'un court séjour dans un régiment de zouaves, le neuvième. Cela me permit de porter quelques semaines une chéchia rouge. Elle me donnait un air africain, sans doute injustifié, mais au goût du jour.

Revenu dans mon gîte d'étudiant parisien, j'entrepris de terminer des études universitaires commencées en 1939, mais dont le déroulement régulier avait souffert de l'agitation de ces dernières années.

Ce lendemain de la guerre apportait avec lui bien des sujets de réflexion. Il faut avouer que la guerre elle-même en avait suscité beaucoup, mais la nécessité de les vivre nous avait souvent privés du temps de les approfondir.

Ainsi, depuis juin 1940, si la signification du mot « honneur » était devenue très subjective, évoluant au gré des incertitudes ou des ratés du cœur, celle du mot « légitimité » s'interprétait de plus en plus en fonction des antériorités dont l'Histoire pare la vie de chacun.

Vieille histoire, au demeurant. Dans *De Bonaparte et des Bourbons*, Chateaubriand écrivait : « *Les mots changent d'acception. Un peuple qui combat pour son souverain légitime est un peuple rebelle.* » C'était le 5 avril 1814, quinze jours avant l'abdication de Napoléon.

La légitimité du gouvernement du Général n'était pratiquement pas mise en cause. Par contre, la légalité de l'État français était encore un sujet de discussion. Et pas seulement entre spécialistes. « *Pourtant*, remarque Chamfort, *il est plus facile de légaliser certaines choses que de les légitimer.* »

Le souvenir, pas toujours précis, de mes réactions au cours de cette période de juin 1940 où, parti pour poursuivre le combat, j'avais arrêté mon élan au pied du mur du cirque de Gavarnie, ne comprenant plus très bien ce qui se passait, faisait réfléchir le soldat victorieux que j'étais censé être devenu.

Le général de Gaulle connaissait sûrement ces quelques lignes de *Mein Kampf* :

« *La possibilité pour un peuple de recouvrer son indépendance n'est pas liée d'une manière absolue à la sauvegarde de l'unité de son territoire, mais bien plutôt au maintien d'une fraction, si faible soit-elle, de ce peuple pour se faire l'artisan militaire de la lutte de libération... Il est pire, pour un peuple, de se soumettre au jeu de l'esclavage dans l'espoir de conserver son unité en tant qu'État, que de se laisser démembrer si une partie de ce peuple reste en possession de son entière liberté...* »

Je regrette bien de ne pas avoir songé à demander au Général ce qu'il en pensait. Ce n'est pas que je fasse de ce texte une référence, mais enfin, il est évocateur.

La légitimité, cette fameuse légitimité, celle d'un homme, doit-elle être datée du 18 ou du 24 juin ? du jour où le Général refuse la demande d'armistice, ou bien de celui où il refuse ses clauses ?

Je connais la réponse. Mais ce n'est pas une raison pour ne pas la dater et l'expliciter, même si, avec l'inévitable côté simplificateur des datations historiques, juin 40 est pris globalement. Dans ce cas, il est vrai, il n'y a plus de raison de poser la question.

Beaucoup de Français ont pensé que ce que n'avait pas accepté le Général, c'était un armistice dont les clauses privaient en fait l'État de sa souveraineté. Ils avaient raison. Mais ils avaient aussi tort.

Reprenons les *Mémoires*.

À Paul Reynaud, dans sa conversation du 14 juin, le Général dit : « *Je me refuse à me soumettre à un armistice.* »

Le 17, il convient avec Churchill d'intervenir à la BBC dès que « *le gouvernement Pétain aurait demandé l'armistice* ». Il ajoute : « *Dans la soirée même, on apprit qu'il l'avait fait.* »

Après l'appel du 18, il y a celui du 19 où le Général parle de « *la liquéfaction d'un gouvernement tombé sous la servitude ennemie* ».

Mais c'est le gouvernement britannique qui, ayant connaissance des clauses de l'armistice, le 23 juin, fait état dans un communiqué de « *l'assujettissement complet à l'ennemi du gouvernement de Bordeaux* ».

Dans ses *Mémoires*, le Général ne fait pas allusion aux conditions de l'armistice. Une fois seulement, il note que, « *contrairement à ce que les agences anglaises et américaines avaient d'abord donné à croire, les termes de l'armistice ne comportaient aucune mainmise directe sur la Flotte française* ». Mais c'était précisément à l'occasion du drame du 4 juillet, à Mers el-Kébir.

Ainsi, tout ce qui précède montre que c'est bien la demande d'armistice qui a, seule, entraîné la condamnation prononcée en juin 40. Et ce, malgré cette autre remarque du Général que je ne considère pas comme une incidente, toujours dans ses *Mémoires* : « *Tant que l'armistice ne serait pas en vigueur, on pouvait imaginer, quoique contre toute vraisemblance, que le gouvernement de Bordeaux choisirait finalement la guerre.* »

Le Général emploie là le mot « armistice », et à juste titre, mais il n'emploiera plus désormais que le terme de « capitulation ».

C'est un terme et un acte que Weygand, en tant que généralissime, jugeait inacceptables. Le règlement militaire dit en effet que la capitulation ne peut être envisagée tant que « *n'auront pas été épuisés tous les moyens que commandent le devoir et l'honneur* ». Pour le ministre de la Guerre qu'il était devenu le 17 juin, c'était bien un armistice et non pas une capitulation qui entrait dans ses nouvelles attributions.

La « *solution africaine* » – expression du Général – était-elle un de ces moyens peut-être pas encore épuisés ?

C'est une vraie question. Beaucoup y ont répondu – soit sur le moment, d'un seul mot, soit plus tard, beaucoup plus longuement. Un certain nombre ont donné des réponses qui se contredisent. Churchill notamment, qui a, après la guerre, estimé que cette solution africaine n'eût pas été favorable à l'Angleterre.

Arrêtons là ces rappels et ces citations. En écrivant ces lignes, j'ai le sentiment de m'écarter de ma réflexion de 1946, et, en me réinterrogeant sur une chronologie de juin 40 qui peut paraître secondaire ou marginale, de tomber avec délices dans une de ces querelles de mots dont nous sommes friands.

Il n'est pourtant pas secondaire que la légitimité du Général, seul et en terre étrangère, naisse le 18 juin au moment où il se lève de sa chaise, dans un studio de la BBC, où il attend de parler et dit à Élisabeth de Miribel : « *Allons, c'est l'heure.* »

Pas secondaire parce que, en même temps que cette image de la naissance d'une légitimité, c'est le tableau d'une révolution qui prend ses premières et pâles couleurs.

« *C'était à moi d'assumer la France.* » C'est dans l'homme que nous allons apprendre à chercher la source du droit. Et l'homme, cet homme, nous apprendra qu'il faut faire la part de l'État dans cette recherche. Je ne sursaute pas quand Nicolas Terzen écrit : « *Pour de Gaulle, le concept institutionnel décisif était celui d'incarnation.* »

Edgar Faure l'appelait bien « *l'incarnateur de l'Histoire* »...

Au-delà des péripéties de l'Histoire et des aventures personnelles, c'est une longue marche vers la vie politique qui commence pour moi avec l'année 1946 et, curieusement, elle va me rapprocher de mon père.

Habitué à ses silences, je ne pensais même pas à profiter de son esprit si clair et de sa bienveillance d'après-guerre, si nouvelle à mon endroit, pour revenir avec lui sur le passé récent. Et pourtant, quel interlocuteur aurais-je pu avoir, plus concerné, sinon plus informé sur une période où la légitimité avait été non pas un thème de réflexion philosophique, mais un élément de tactique ? Comment savoir de quel poids eût pesé l'opinion de mon père sur ces plateaux de la balance où Darlan devait apprécier à la fin de 1942, les avantages et les inconvénients de légitimités opposées ?

Pour conforter son animosité envers de Gaulle, Roosevelt se nourrissait des rapports des consuls américains – une dizaine, je crois – envoyés en Afrique du Nord et jusqu'à Dakar pour surveiller l'état d'esprit des populations.

Côté français, les préparatifs du groupe des Cinq, les espoirs du comte de Paris, le transfert de Giraud, tout cela nous a été décrit par de nombreux livres d'histoire ou de souvenirs.

Si nous ne savons pas tout sur la préparation de l'assassinat de Darlan, nous connaissons les échanges Vichy-Alger, leurs contradictions, leurs codes, les vrais et les faux.

Mais on a bien compris depuis le début que mon intention n'est pas de faire un livre d'histoire de plus.

Je reviens donc à mon interrogation de 1946. Quand je m'interroge sur la date exacte du commencement de la légitimité en juin 40, je comprends bien ce que cette question peut avoir d'étrange. Et en tout cas de formelle, juin 40 ayant été, je l'ai dit, « globalisé ».

Mais l'autre question, que je regrette de ne pas avoir posée à mon père, n'aura pas de réponse, puisqu'on ne peut plus sonder ni les reins ni les cœurs ; et la mort a effacé les réponses incertaines. Au reste, mon père n'avait pas vécu à Alger les derniers mois de 1942 ni les premiers de 1943. Il les avait imaginés, seul et silencieux, du fond de ses vignes qu'il arpentait, alerte, à la fin de cette année 1943 où il allait sur ses cinquante ans.

Cette question-là concerne Darlan.

J'ai connu beaucoup de ceux qui ont passé ces quelque six mois à Alger, disons de novembre 1942 à juin 1943. D'aucuns m'en ont parlé. Ceux-là, surtout, pour qui ces mois marquèrent le début d'une carrière ou furent une simple parenthèse ; voire une période un peu plus animée que d'autres, mais sans conséquences fâcheuses. De ceux-là j'ai écouté les souvenirs sélectifs avec plaisir, mais sans étonnement.

À Londres, les Américains sont interpellés d'une phrase dont on ne cite pas l'auteur : « *Avec Darlan, vous gagnerez peut-être la guerre, mais vous la perdrez moralement.* »

Et quand le Général reparle de ce temps, dans les *Mémoires*, le chapitre s'appelle « La tragédie ». Un chapitre que Jean Lacouture, dans son premier *De Gaulle*, en 1965, ira jusqu'à appeler « *la phase la plus significative de sa vie* ».

Quant à Brossolette, le plus proche de la sensibilité du Général, il écrit le 6 décembre 1942 : « *Darlan à Alger, c'est le peuple français sur le chemin du nihilisme.* » Il faut retenir ce mot : le peuple. Car si le Général gagne en 1943, ce n'est pas à cause de l'extraodinaire génie de sa tactique (je la compare volontiers à celle de mai 1958), c'est parce que le mythe stratégique du 18 juin, le refus de la soumission, se ceint de cette indispensable couronne qui a nom : l'Unité.

C'est là qu'il faut citer cette phrase de la lettre que le Général écrivit à Roosevelt en octobre 1942 : « *Nous avons su créer en France une sorte de mystique dont nous sommes le centre... C'est ainsi que nous sommes, par la force des choses, devenus une entité morale française.* »

Roosevelt est vaguement conscient de la dimension de ce problème de l'Unité. Sans doute se souvient-il surtout de ce que le pape Zacharie répondait à Charles Martel : « *Il vaut mieux appeler roi celui qui possède le pouvoir plutôt que celui qui ne l'a pas, afin que l'ordre ne soit pas bouleversé.* » Mais il espère s'en sortir avec le secours de la logique : elle lui enjoint de réunir Darlan d'un côté, puisque c'est lui qui détient la légalité-Pétain, et, de l'autre, l'armée d'Afrique. L'Afrique du Nord apporte la légitimité du combat repris contre l'occupant.

Mais la logique n'a pas grand-chose à faire dans ce genre de tragédie. D'abord parce que les Anglais, même s'ils choisissent toujours le « grand large », ne veulent pas laisser dévaloriser celui qu'ils considèrent comme leur atout : de Gaulle. Ensuite parce que, Darlan assassiné, Giraud ne paraît pas avoir les moyens de ses ambitions – ou de celles de son prédécesseur. Enfin et surtout, parce que le Général trouve les accents et les silences qui font que le mythe, atteignant avec la couronne de l'Unité sa justification complète, devient réalité.

Aussi le Général va-t-il continuer sur ce thème de l'Unité : « *La nation plébiscite la France combattante tous les jours* », dit-il le 11 novembre 1942 à l'Albert Hall. Il le répétera sans désemparer toute l'année 1943, jusqu'à la déclaration à l'Assemblée consultative provisoire du 10 janvier 1944 : « *Il n'y a qu'un peuple et qu'une nation qui se sont tant battus.* »

En deux formules, on dirait la définition du mythe.

Et puis, je garde en mémoire ces deux autres phrases superbes : « *La légitimité profonde procède non de la représentation, mais des sentiments qui unissent les Français entre eux* » ; et : « *Pour un pouvoir, la légitimité procède des sentiments qu'il inspire et qu'il a d'incorporer l'unité et la continuité nationales quand la patrie est en danger.* »

Encore une fois, que nul ne s'irrite en entendant ou en lisant ici le mot « mythe ». C'est, je crois, Pierre Brossolette qui fait figurer ce mot, le premier, dans son admirable rapport d'avril 1942. Il a même inventé l'expression « *mythe de Gaulle* ». Comme Emmanuel d'Astier a eu l'idée de l'appeler « *le Symbole* ».

Alain Peyrefitte, lui, cite un mot du Général, qu'il date de septembre 1964, mais que j'avais souvent entendu depuis 1952 : « *Toute ma vie, j'ai toujours fait* comme si... »

Cette conscience immédiate de la gravité de la situation nouvelle – Darlan, plus le débarquement en Afrique du Nord auquel les Anglais n'ont été qu'associés et dont les gaullistes n'ont pas même été prévenus – explique le choix de la réponse faite par le Général : « *La légitimité, c'est aussi l'Unité.* »

Il lui faut également affirmer la confiance qu'il renouvelle à ce moment même à Jean Moulin, symbole de l'unité menacée de la Résistance.

Mais je reviens à cette question sur Darlan, dont je ne trouverai la réponse que plus tard, et tout seul ; c'est la suivante : pourquoi Darlan a-t-il invoqué si longtemps sa filiation pétainiste ?

Au premier « Conseil impérial » qu'il préside, le 30 novembre 1942, il signe : « *le Haut Commissaire exerçant la fonction de chef d'État empêché* ». Il s'était pourtant déclaré « *libéré* » par cette rupture de l'armistice qu'avait constituée, le 11, l'occupation de la zone libre.

Fallait-il là encore qu'un mythe, celui de la légitimité de Vichy, fût resté si vivant en Afrique du Nord ? Basé sur quoi ? Sur le serment prêté au Maréchal ? Si « légitimité » il y avait eu, elle avait bel et bien disparu le 11 novembre. C'est pourtant sur cette légitimité mythique mais disparue que Darlan avait établi sa réelle autorité en Afrique du Nord. Avec, on l'oublie parfois, le concours efficace et constant du général Juin.

Darlan avait-il été trop imprégné de cette politique prétendument « préservatrice » de Vichy ?

Ce que l'on sait de lui – on ne sait pas tout, bien sûr – à travers les carnets publiés par son fils, les comptes rendus de ses conversations (avec Pétain et Paul Baudouin notamment), montre qu'il ne nourrissait guère d'illusions sur cette politique.

Rendait-il à Churchill cette « haine » que, d'après Eisenhower dans *Croisade en Europe*, le Premier ministre britannique lui vouait ?

Ce n'est pas un tel sentiment qui dictait généralement sa conduite.

Y avait-il entre Pétain et lui, Darlan, un lien affectif plus fort que le souvenir des conversations de 1940 au cours desquelles cette situation avait été envisagée entre eux deux ?

Ne faisait-il pas confiance aux informations, pourtant libres et secrètes, que lui adressait Auphan depuis Vichy ?

Ou était-il atteint de cette lassitude que décelèrent ses collaborateurs du moment, mais que les nombreux projets de réformes justement entrepris pendant ces quelques semaines n'attestent pas ?

En un mot, qu'est-ce qui a retenu Darlan, au lendemain du jour où les Américains étaient à Alger et les Allemands à Toulon, de rentrer avec plus d'éclat, plus brutalement, dans la guerre ?

Cette question que je n'ai pas posée à mon père, je ne me la pose plus aujourd'hui. Au fil des années, je me suis fait une idée de la réponse : une progression sans obstacles ni interruptions vers les sommets de la carrière des armes doit priver un militaire de toute idée d'en sortir. C'est ce qui est arrivé à Darlan.

Qui peut l'imaginer déclarant : « *C'était à moi d'assumer la France* » ?

Parole de visionnaire et de solitaire, pas de militaire.

Si j'ai parlé de *légitimité* à propos de ces jours d'Alger, ce n'est pas par hasard. Darlan ne pensait à la légitimité que pour ne pas s'en écarter ; la sienne, de Gaulle l'avait créée. Il l'incarnait et était même en train de la perfectionner. En se tenant jusqu'au 30 mai, moitié par habileté, moitié par obligation, loin de cet Alger que son officier d'ordonnance, François Coulet, définissait assez drôlement comme « *une espèce de Vichy, un peu plus résistante* ».

Alger où naquirent des carrières que je suivis longtemps avec amusement.

Cet Alger qui, en trois dates : 8 novembre 1942 (débarquement américain), 24 décembre 1942 (assassinat de Darlan) et 30 mai 1943 (arrivée de De Gaulle), voyait se dessiner son destin de capitale nouvelle de la France libre.

Sur la seconde de ces dates, j'aurais pu aussi demander à mon père son sentiment. Mais ce n'était pas la peine : je le connaissais.

Je ne lui avais pas demandé grand-chose, pendant ces deux périodes de la guerre : la première, jusqu'à la fin de 1942, quand Vichy ne m'intéressait guère ; la seconde, à partir de 1943, quand Vichy n'existait plus.

Maintenant, je n'avais plus de questions à lui

poser, si ce n'est sur les perspectives de la prochaine récolte de saint-émilion ou sur la qualité du vieillissement de la précédente.

Il ne s'en tenait pas moins très informé de la vie publique. Il avait repris contact avec les marins, plus ou moins désœuvrés, plus ou moins amers, mais toujours discrets.

C'est Auphan, dernier secrétaire d'État à la Marine, qui avait joué le dernier acte de cette pièce sous la forme d'un dialogue que je serais tenté d'intituler *Légitimité, quand tu nous tiens !* Le dernier message du maréchal Pétain qu'il avait apporté au général de Gaulle était accompagné d'une instruction écrite : « *Faites pour le mieux, pourvu que le sentiment... de légitimité que j'incarne soit sauvegardé.* »

C'était évidemment peu fait pour faciliter la conversation !

Quand le Général partit en janvier 1946, je n'eus droit qu'aux explications officielles. Il n'y avait aucune raison que j'en eusse d'autres. Comme la plupart des Français, je les trouvai peu convaincantes. C'est toujours mon avis. Mais j'eus le sentiment que la vie politique du pays se réanimait.

Ainsi, j'avais compris la présence des communistes dans le gouvernement pour éviter les secousses qu'aurait pu créer leur absence dans certaines régions qu'ils contrôlaient à travers les maquis FTP. Et, à ce propos, je m'émerveille d'entendre certaines belles âmes demander aujourd'hui encore si la conduite du Général était « moralement correcte », étant donné ce qu'il devait savoir – et seul savoir – des horreurs du stalinisme.

Mais, le 21 janvier, la bonne question devenait la suivante : cette politique, M. Félix Gouin, qu'un arrangement des partis avait donné pour successeur au Général pour diriger un gouvernement soudain très provisoire, avait-il la dimension morale nécessaire pour la poursuivre ?

Du communisme il faut parler avec simplicité. De certains on dit parfois que l'anticommunisme tient à leur milieu familial. Ce n'est pas exactement ce que je dirais de moi. J'ai le sentiment que, chez moi, l'hostilité au communisme est « *essentielle* », comme disait Sartre ; « *primaire* », comme ils disent ; sans que ce soit dû à une aversion de mon milieu pour le marxisme.

Avec les communistes pris individuellement, j'ai toujours eu des relations faciles, parce que la plupart ont des convictions. C'était vrai pendant la guerre comme ça l'est resté durant ma vie publique.

Mais, après la guerre, mes propres idées se sont structurées. Elles avaient besoin de se faire des muscles, comme après ces périodes où le corps a oublié d'effectuer des exercices, à l'instar des jeunes montés en graine et qui ont besoin de s'étoffer.

L'environnement n'y aidait guère. C'était bien prévisible, après quatre ans sans liberté. Entre la petite « madeleine » du pacte germano-soviétique, qui n'arrivait toujours pas à fondre, et un monde soviétique dont les succès ne faisaient qu'augmenter la boulimie, la confusion régnant dans l'esprit de tous ceux qui réfléchissaient après l'action – ou, parfois, après une longue et passive attente – était à son comble. L'alliance de 1940 entre Russes et Allemands s'était terminée à Stalingrad, et la libération de la Pologne à Katyn !

À l'est du Rhin, l'Europe n'était éclairée que par les brasiers ou les cendres des camps de concentration des deux totalitarismes.

À Paris, après le départ du Général, c'est à travers les jeux de l'esprit qu'on essayait d'échapper à une oppression des États que la guerre ne justifiait plus, mais qui semblait encore menaçante.

On lisait *Le Zéro et l'Infini*, *Croisade sans croix*, où un personnage de Koestler, Slavek, je crois, semblait si proche, si familier. Raymond Aron posait le problème général de l'Histoire. Dans *Action*, Maurice Merleau-Ponty et Pierre Courtade défendaient le marxisme, et Albert Ollivier, dans *Combat*, se demandait le plus sérieusement du monde si le Parti communiste était vraiment démocratique.

Dans ses sermons de Carême à Notre-Dame, le Père Riquet mettait le capitalisme en croix. Mais, Pie XII écrivait à l'occasion des Semaines sociales : « *Il est inadmissible qu'un chrétien, fût-*

ce en vue de maintenir le contact avec ceux qui sont dans l'erreur, se compromette le moins du monde avec l'erreur elle-même. »

François Mauriac recevait Claudel à l'Académie : un discours somptueux !

Nuremberg se terminait et, sur les quatre chefs d'accusation, un ou deux laissaient rêveur.

Il y eut, pendant cette période que j'ai appelée confuse, mais qui était surtout celle des incertitudes sur l'avenir de la liberté, une remontée de l'antigaullisme. Elle était due bien sûr au départ peu compréhensible du Général, mais le texte même de sa harangue à ses ministres, le 20 janvier 1946, incitait à la perplexité : « *Le régime exclusif des partis a reparu. Je le réprouve. Mais, à moins d'établir par la force une dictature, je n'ai pas les moyens d'empêcher cette expérience.* »

Alors, pourquoi avoir laissé Jean Moulin constituer le Conseil national de la Résistance en juin 1943 ? Les partis y étaient représentés. Quelle était au juste la position de Jean Moulin vis-à-vis des partis ? Et *du* Parti ? Est-ce que ses liens avec Louis Dolivet – très proche des communistes – sont une indication ? Les réponses divergent.

On a dit aussi qu'il avait proposé la constitution du CNR pour qu'il y ait *une*, et non pas *des* Résistances, espérant peut-être que le Parti communiste se diluerait dans un ensemble. Pouvait-on penser en 1943 que le poids d'une droite représentée par le MRP et l'estimable Louis Marin allait créer au CNR l'équilibre indispensable à l'unité ?

Au début de 1943, Fernand Grenier, représentant du PC, terminait sur un accord son voyage officiel à Londres. Cet accord ne répondait pas à l'espérance de Moulin. Quant au Général, à ce moment, il pensait, lui, que pour faire le poids à l'intérieur du Conseil national de la Résistance au lendemain de la Libération, son épée suffirait. Il avait alors raison. Mais il ne le pensera plus quand il formera son gouvernement, au lendemain du référendum et des élections de 1945 dont il avait jugé inutile de s'occuper activement.

Ces questions sur le rôle de Jean Moulin ne mettent pas en cause sa loyauté vis-à-vis du Général. Celle-ci est entière et permanente, contrairement à une thèse récente qui lui prête le désir de se rapprocher des Américains sous prétexte qu'ils s'éloignent, eux, de De Gaulle ; et qu'ils s'en éloignent plus encore que Moulin n'aurait pu le penser, quand on lit après la guerre certaines archives du Département d'État. Avoir des relations avec les services américains était de sa responsabilité. Un point c'est tout. S'il en a eu, je ne crois pas qu'on puisse y voir l'amorce d'un quelconque « retournement ».

On pourrait s'étonner de ces considérations sur Jean Moulin comme de celles qui vont suivre sur Pierre Brossolette. Ce serait oublier qu'entre l'année 1945, qui me voit quitter le combat des armes, et l'année 1947, qui me verra entrer dans celui des urnes, l'année 1946 est celle des questions, des remises en ordre, voire en désordre, puisque c'est l'époque de ce qu'on a pu appeler le « terrorisme intellectuel ».

C'est autour du départ du Général, en janvier 1946, que se concentrent les interrogations de chacun : on essaie de comprendre certains moments de la guerre ; on cherche des explications à la conduite du Général dans ses livres d'avant-guerre, dans sa formation d'adolescent. Mais on revient souvent – c'est inhérent aux questions posées – à ce début de 1943 où le Général eut à choisir entre deux conceptions peu conciliables de la préparation politique du pays à la Libération : celle de Jean Moulin et celle de Pierre Brossolette.

Pierre Brossolette est un militant socialiste qui a toujours appartenu à la gauche de son parti. Il est contre la participation des socialistes au ministère Chautemps en 1937, contre Munich, pour l'intervention en Espagne, etc. Resté lucide vis-à-vis du PC, il écrit dans *Le Populaire* ce qu'il pense du pacte germano-soviétique (« *démence et ignominie...* »). Cet article, qui répond à l'enthousiasme d'Aragon dans *L'Humanité* (sous le titre « Succès de la politique de paix de l'URSS »), paraît le 23 novembre 1939, le jour même de sa mobilisation. À bien des titres, Brossolette figure glorieusement dans l'histoire de la Résistance. C'est un héros, mais c'est aussi un extraordinaire analyste, et cela ne pouvait pas manquer de frapper le Général. Arrivé en avril 1942 à Londres où il deviendra l'adjoint de Rémy, il remet au chef de la France libre un rapport politique sur l'état de la France qui analyse, juge et propose. Tout y est :

La France est « *un pays brisé où l'on ne croit plus à rien, ni au régime des partis, ni au régime de Vichy, ni au fascisme, ni au socialisme, ni au communisme* [...]. *Il faut à la France un mythe, et ce mythe, la France est trop bas pour qu'il puisse être trouvé dans une idée ou dans une formule : il faut qu'il s'incarne dans un homme* [...]. *Si la France peut se refaire, ce n'est qu'autour du mythe de Gaulle.* » Après avoir répété que « *l'égoïsme individuel est très loin d'être en régression, dans l'ensemble*, [la Résistance] *est plutôt passive. Et trop souvent verbale* », Brossolette termine : « *Il n'y a à tenir compte ni du radicalisme, ni des partis modérés. Mais on ne peut pas ignorer trois partis qui subsistent.* »

• Les communistes : « *Les absorber dans la nation paraît un rêve difficile à réaliser.* »

• Les socialistes : « *Il est possible de les intégrer dans le grand mouvement national* » ; sinon, on va les rejeter vers les communistes;

• Le Parti social-français : « *La masse des adhérents est plutôt gaulliste, en tout cas Vallin (à Londres) et Barrachin (en France) le sont.* »

Autour du gaullisme, l'opinion générale peut se retrouver sur quelques principes qu'il énumère : universalité du suffrage, assemblée politique, renforcement de l'exécutif, exécution du Plan, participation. « *Un très large rassemblement de ce qu'il y a de meilleur dans le pays est possible. Encore faudrait-il le préparer dès avant le moment de l'action.* »

Comment n'aurais-je pas évoqué longuement un texte qui se termine par le mot « rassemblement » ?

Cinq ans après avoir refusé cette idée de rassemblement qu'on lui proposait au cœur de la guerre, c'est le Rassemblement du Peuple français que le Général créera en 1947 à Strasbourg. Je sais bien qu'il ne s'agira pas du même. Celui de 1947 se fera contre le tripartisme ; sans les partis, sans la droite ni la gauche. Je sais que Pierre Brossolette, quelques semaines après son rapport, avait écrit un article pour célébrer l'accord que Grenier était venu donner à de Gaulle au nom du PC, accueillir dans le gaullisme ceux qui ont « *rallié à temps* », et affirmer : « *Qui n'est pas avec Vichy est avec de Gaulle.* » Mais je connais aussi le souffle qui animera sa conclusion en faveur « *des partis nouveaux* », pour « *un vaste mouvement de réveil national* » capable de faire jaillir une « *France nouvelle* » des « *débris d'une France trahie et vaincue* ». Il ajoutait même : « *Il est probable que nous assistions à des tentatives partielles des anciens partis politiques... Rien ne pourra être plus lamentable.* »

En un an de résistance active, Pierre Brossolette avait bien compris les Français. En deux mois, il avait compris de Gaulle : l'homme et la méthode. Aidé, il est vrai, par son poste d'adjoint de Passy au BCRA. Et aussi, nous dit-il, par l'accord de Blum et d'André Philip. (Ce dernier devait être dans un de ses bons jours vis-à-vis du Général !)

J'ai évoqué l'opinion généralement admise selon laquelle le Général aurait choisi l'option du Conseil national de la Résistance, prônée par

Moulin (partis politiques + syndicats + mouvements de Résistance), plutôt que celle du Grand Rassemblement autour de lui destiné à faire face aux difficultés que les partis ne manqueraient pas de poser à la Libération, prônée par Brossolette.

Pour avoir vaillamment affirmé pendant cinq ans, sur tant de tréteaux, que le Rassemblement du Peuple français n'était pas un parti, et pour avoir assez largement contribué, au début de l'été 1958, à fabriquer un parti qui s'appelait l'« Union pour la nouvelle République » – dont le moins qu'on puisse dire est que le Général le voyait naître avec réserve –, pour ces deux raisons, je crois pouvoir dire que, s'il ne faut pas simplifier ce que furent les rapports entre de Gaulle et les partis politiques, il faut se garder tout autant d'en compliquer les données de base.

Dans la lettre envoyée par Léon Blum en 1943 de Bourrasol où il était interné, il y avait cette phrase : « *Pas d'État démocratique sans partis.* » Le Général n'en fut pas choqué. Il n'était pas hostile aux partis ; il ne voulait pas que leurs états-majors dirigent la politique du pays. Disons qu'un parti rassemblant ceux qui, comme moi à compter de 1947, voulaient qu'il revienne au pouvoir, ne lui semblait pas condamnable, destiné à faire le mal ! Mais peut-être dirai-je encore un mot plus loin de l'éclatante mauvaise foi avec laquelle il savait traiter cet important problème des partis...

En attendant, au cœur de la réflexion de 1943, il y a le PC. Le PC qui, le 10 octobre 1942, à Lyon, avait été le premier parti politique à signer un tract au même titre que les mouvements de Résistance (Combat, Libération, Franc-Tireur). Le PC qui avait négocié avec Rémy, avant l'arrivée de Grenier à Londres, un accord aux termes duquel il était chargé de s'occuper de l'« *insurrection nationale* », inséparable de la « *libération nationale* », ainsi que l'avait récemment affirmé le Général. (Accord sans suite, bien entendu. Cher Rémy !) Le PC qui flirte un temps à Alger avec Giraud et se montre très conscient des opportunités : par exemple, quand le Général parle de s'appuyer sur les Russes pour que Roosevelt comprenne qu'il devrait se montrer moins désagréable avec lui. Le PC qui sait surtout que les Russes, après la Libération, ne seront pas fâchés qu'il ait de bons rapports avec le Général afin de contrebalancer la présence américaine sur le sol de l'Europe occidentale. Enfin, le PC qui n'oublie pas la violence de la crise qui vient d'avoir lieu entre le Général et les Anglais à propos de Madagascar.

Le PC est au cœur du problème des partis parce qu'il n'est justement pas un parti comme les autres. Ses dirigeants le savent. De Gaulle aussi.

De Gaulle n'a jamais nourri d'illusions sur le PC. Je ne parle pas ici des hommes, mais de l'organisation. Comme le lui écrit Brossolette en avril 1942, il sait que, « *dès la minute même du départ des Allemands* [...], *ils essaieront de s'emparer pour leur propre compte du pouvoir* ». Mais le Général fait *comme si*.

Installer le tripartisme à la Libération lui paraît un mal moindre que la guerre civile. Il a raison. Mais il se trompera quand il croira qu'après avoir quitté le pouvoir, puis l'avoir repris en 1958, il pourra éviter de passer par un parti pour y rester dans le cadre de la Constitution démocratique qu'il a voulue. Mais ceci est une autre histoire... La suite, en fait, de ma propre histoire.

On a dit qu'à l'époque, la solution du Conseil national de la Résistance présente aux yeux de nos alliés un aspect plus démocratique, parce que l'on reparle des partis d'autrefois. Je n'y crois guère. Le Général sent surtout que le PC, avec qui il vient de s'entendre, refusera de renoncer à sa spécificité pour s'intégrer dans un rassemblement. Il ne faut pas surestimer le goût qu'avait le

PC de 1936 pour l'unanimisme ; pour ce « piège de l'unité », si savoureux !

Autour du Général, à Londres, et à cause du climat d'unité qu'il impose, personne n'ose vraiment dire *non* au « Grand Rassemblement », mais, comme les relations entre Brossolette et Moulin sont mauvaises, on a vite fait de créditer le second de l'échec du premier, et le Conseil national de la Résistance va donc regrouper des organismes existants, chacun s'empressant de condamner le rôle néfaste de la IIIe République en général tout en oubliant le sien en particulier.

Il y a vingt ans, dans *Mon Général*, j'utilisais une formule qui me semble assez bien convenir à la création du Conseil national de la Résistance : « *Le Général empêcha la révolution des autres. Mais il n'y substitua pas la sienne.* »

Ensuite, à partir de mars 1943, de Gaulle donna l'impression de moins se soucier du rôle des partis dans ce que j'appellerai, faute d'un mot mieux adapté, l'« organigramme » de la Résistance. Mais, à Alger, à partir de juin, il va y avoir beaucoup de monde pour s'en occuper. Et puis, le problème va désormais figurer au programme de l'Assemblée consultative. Laquelle a été en partie inventée pour cela.

Le 26 août 1945, devant la « mer » humaine qu'il va traverser en descendant les Champs-Élysées, le Général dira dans les *Mémoires* quelle est son émotion, mais il ne pourra s'empêcher d'ajouter : « *Je ne puis non plus ignorer l'obstiné dessein des communistes... ni le prurit d'agitation qui de nouveau travaille les partis.* »

Au début de 1946, j'ignorais ce sentiment : les *Mémoires* n'étaient pas écrits. Le 1er janvier, à l'Assemblée, le Général avait prononcé une phrase assez claire sur les partis :

« *Oui, il y a deux conceptions. Elles ne sont pas conciliables. Veut-on un gouvernement qui gouverne, ou bien veut-on une Assemblée omnipotente déléguant un gouvernement pour accomplir ses volontés ?* »

Mais sa lettre du 20 janvier 1946 au président de l'Assemblée comporte néanmoins un morceau de phrase qui ne se prête pas à une exégèse facile et limpide : « *Ma tâche devrait prendre fin lorsque les partis politiques se trouveraient* [...] *en mesure d'assumer leurs responsabilités.* »

Au gouvernement, le Général annonça son départ à midi (« *Le régime exclusif des partis a reparu* »). À cinq heures, le PC, le PS et le MRP se réunirent, et, tout bien réfléchi, pendant le week-end, élurent Félix Gouin président du Conseil.

Il ne me semble pas que la tâche du Général est terminée. Qu'il se soit abstenu de prendre activement parti sur le référendum d'octobre 1945 peut se comprendre. Il conseille le *oui-oui* le 4 septembre, mais ne veut pas donner l'impression d'entrer lui-même dans le jeu des partis. Par contre, il est bien décevant, sur le moment, qu'il n'entre pas dans la bataille du référendum de mai 1946 en cherchant à rendre plus difficile l'accord qui va se nouer entre les partis au lendemain du vote de rejet du texte socialo-communiste par 53 % des votants.

Il est vrai que le discours de Bayeux, le 16 juin 1946, va décider de la suite : la rupture avec le MRP, la création du RPF, quelque quarante ans de Ve République... et, si l'on veut bien me pardonner cette outrecuidance, quelque cinquante ans de ma propre vie.

J'insiste sur le discours de Bayeux, car si je n'étais pas là pour l'écouter, le 16 juin 1946, je fus à Bayeux, le 16 juin 1996, pour célébrer le cinquantenaire de l'événement ; cinquante ans salués ce jour-là par un discours du Premier ministre consacré à expliquer et faire valoir la politique qu'il menait – courageusement, du reste – à la tête du gouvernement de l'époque. Mais il ne rappela pas la rigoureuse structure constitutionnelle du discours de 1946. Au demeurant, ceux qui, depuis, avaient aidé le Général à la mettre en œuvre ne s'étaient pas déplacés nombreux pour entendre un discours commémoratif ; et sans doute eurent-ils raison, parce qu'il ne fut pas prononcé.

Cette journée sympathique et ensoleillée dans le Cotentin me conforta dans l'idée que Bayeux fut bien le point de départ, l'explication et la référence de l'action politique du Général.

Bayeux, ce sont quatre propositions :

• L'exécutif ne doit pas procéder du législatif.

• Une seconde Chambre est nécessaire. Elle devrait regrouper les représentants des collectivités locales et des élus émanant des catégories professionnelles et sociales (cette dernière composante fut délaissée jusqu'en 1969).

• L'exécutif doit avoir un double visage : le président élu par un collège « *beaucoup plus large* » que le Parlement ; le gouvernement, nommé par lui de façon à « *accorder le choix des hommes avec l'orientation qui se dégage du Parle-*

ment » ; ainsi doit donc être maintenue la responsabilité du gouvernement devant le Parlement.

• Le Président exerce dans ses Conseils l'influence de la continuité « *dans les moments de grande confusion ; il provoque des élections par la dissolution* ».

On a dit – j'ai dit – que ces quatre points étaient la « digue ». C'est insuffisant. Ils furent le môle auquel étaient amarrés « *les cotres du refus et les canots de l'espoir* »... ! Pour moi qui devais n'être qu'un aviron dans cette flottille, ils furent une révélation.

Au référendum d'octobre 1946, les trois partis au pouvoir nous proposaient d'adopter une Constitution qui allait faire vivre trop longtemps la IVe République. Manifestement, les partis qui s'étaient mis d'accord y trouvaient leur compte ; à court terme, en tout cas.

Pas le pays.

Un homme, un seul disait : le relèvement de la France veut qu'elle soit gouvernée. C'est le commencement de tout. Il faut commencer par le commencement : donner à l'État les moyens d'exister. Voici ces moyens. Sans eux, il n'y a pas de chantier.

C'était le bon sens. Le sens, une fois encore, de l'avenir. Claude Mauriac rapporte du reste à ce sujet une phrase sans ambiguïté du Général : « *Je suis contre ce projet de Constitution* [de 1946] *parce que c'est la seule position d'avenir.* »

Je ne peux pas dire que l'inutile insistance du MRP pour obtenir le soutien du Général m'ait chagriné. Coste-Floret vint expliquer son texte. Il fut refoulé. Maurice Schumann vint proposer son astuce. Sans plus de succès.

Le Général, lui, avait dit ce qu'il fallait faire. Ses déclarations se font alors de plus en plus violentes. C'est l'époque où il parle des « *séparatistes* » à propos des communistes.

À vingt-six ans, mes goûts personnels m'auraient plutôt porté à lire le *Journal* de Charles Du Bos que Machiavel, mais ma génération avait l'impression que les problèmes de la guerre lui avaient longtemps caché ceux de la Cité. Et ceux qui s'éveillaient se sentaient plus vieux que leurs aînés.

Au début de ce récit, j'ai raconté comment mon éducation n'avait fait de moi ni un audacieux, ni un imaginatif. Peut-être aussi n'avais-je que peu de dispositions à le devenir. Disons que mes parents n'avaient pas cherché à m'y aider. On ne sait jamais très bien si les parents souhaitent que leurs enfants leur ressemblent.

Bref, il n'était pas besoin de beaucoup d'audace, en 1947, pour suivre le général de Gaulle. Ni de beaucoup d'imagination, puisque le chemin de Bayeux était tout tracé. Je n'ai pas cherché à savoir s'il y en avait un autre, plus court ou mieux pavé.

Plus tard, les discussions ont fleuri au sujet de Bayeux. On expliquera que le fameux discours ne parle pas du référendum ; qu'il omet le contrôle constitutionnel des lois ; qu'il s'étend trop longtemps sur un nouveau Sénat ; qu'il élargit mais ne précise pas la dimension du corps électoral du Président. Mais Bayeux dit l'essentiel : ce qui est suffisant pour agir. C'est le « *monument fondateur* », que nous ressentons à l'époque comme tel. Nous avons besoin d'une structure constitutionnelle. La IVe République ne nous convient pas. La IIIe ? Qui va la défendre après l'effondrement de juin 1940 ? Pouvait-on être plus sévère que le Général qui allait écrire : « *À la lueur de la foudre, le Régime paraissait* [...] *sans un seul rapport avec l'honneur de la France* » ?

Personnellement, j'avais plutôt tendance à penser que c'était « *le peuple lui-même qui avait perdu la guerre* ». Pas très gaulliste, comme conception. C'est pour cela que je cite cette phrase du Général sur la IIIe République. Certains ont voulu faire de lui un défenseur de celle-ci sous prétexte qu'il avait fréquenté ses vedettes ! Je ne crois pas qu'un mot de lui depuis le 18 juin puisse étayer cette hypothèse. On a parfois qualifié le Général de « *républicain de regret* ». C'est un *mot*. C'est même, pour certains, un jeu de mots qui évoque les « monarchistes de regret », comme on disait de son père. Peut-être cette dernière expression valait-elle aussi à certains moments pour le fils.

À propos du Général, une autre expression a fait son chemin : c'est « *l'incompatibilité d'humeur* » que Léon Blum supposait entre de Gaulle et la démocratie. Au premier degré, elle est inacceptable. Je ne suis pas sûr qu'au second degré, dans la bouche d'un personnage aussi subtil, elle n'ait pas été l'expression d'une certaine sympathie. Je dis cela en pensant à une autre phrase assez savoureuse du même Blum dans une lettre à Félix Gouin ou à André Philip : « *Il répugne* [le Général] *aux besoins et usages de la vie républicaine.* »

Quoi qu'il en soit, les prises de position très déterminées du Général contre les communistes, son hostilité à la Constitution qui venait d'être votée, et les sarcasmes dont il accablait le MRP qui l'avait soutenue, rendaient les échanges entre mon père et moi non pas florissants, mais plus détendus. Je me demande même si l'écho des propos outrageants tenus par le Général sur Georges Bidault ne contribuait pas à cet apaisement. Mon père vouait à ce ministre une antipathie particulière qu'il étendait à son épouse.

Mon grand-père était mort. Il avait longtemps été chez nous une statue du Commandeur de la démocratie chrétienne et de l'autorité papale réunies. Ces sujets qui « fâchent », comme on dit aujourd'hui, n'étaient même plus rappelés par sa chère présence. Les souvenirs de Vichy avaient plus de quatre ans pour mon père, et moi je n'en avais guère.

Restaient les erreurs et les méchants côtés de l'Épuration, dont nous ne parlions pas. Faute d'informations, le plus souvent. Quelquefois faute de savoir à quel niveau il fallait situer nos considérations impuissantes. Les victimes étaient souvent d'anciens amis de mon père. Beaucoup de juges savaient que la Libération apportait avec elle un certain nombre d'injustices, mais pensaient qu'il valait mieux pratiquer une justice incertaine plutôt que des assassinats programmés. Le Général avait prévenu tout le monde depuis longtemps. C'est le 7 août 1940 qu'il avait déclaré : « *La justice viendra, c'est la victoire qui l'apportera.* » Pendant ces quelque quinze mois, rue Saint-Dominique, il eut à examiner deux mille cinq cent vingt-sept recours en grâce, et il en accorda mille sept cent cinquante. Vous me direz que le nombre ne fait rien à l'affaire. C'est vrai, et, du reste, nous ne connaissions pas ces chiffres en 1946. Je les cite parce qu'ils ne me paraissent pas illustrer une position extrême sur le sujet de l'Épuration. Le procès d'un Pétain, revenu volontairement en France, ne s'était pas déroulé comme le souhaitait de Gaulle, qui aurait voulu qu'on en fît celui de l'armistice. Celui de Laval, extradé par les Espagnols, avait été une parodie. Brasillach n'avait pas été gracié, malgré l'insistance de François Mauriac et de Jean Paulhan. Les drames et les deuils de la guerre et ceux de l'après-guerre appartenaient à un passé récent, mais on peut dire qu'au début de 1947, dans les familles divisées, les tensions étaient quelque peu retombées.

Quant aux méfaits de la mauvaise Constitution, il fallait encore attendre un peu pour qu'ils se fissent sentir. Mais, d'ores et déjà, trois attitudes du Général étaient on ne peut plus claires :

• Il n'avait pas eu à rétablir une République, puisque celle-ci n'avait jamais cessé d'exister.

• Il n'avait jamais eu non plus l'idée d'approuver la IIIe République qu'il avait sévèrement condamnée.

• Il désapprouvait le régime d'assemblée sous toutes ses formes.

Les trois partis qui occupaient la IVe République allaient lui reprocher de moins en moins timidement ces attitudes. Un peu gênés au début, dans la mesure où ils tenaient leur légitimité du Général et où celui-ci se montrait de plus en plus sévère pour des institutions dont ils étaient, eux, les inventeurs et les garants. Rapidement, de Gaulle devint, je cite *Le Populaire* : « *Un apprenti dictateur* [qui] *trouve des excuses au traître Pétain.* » Cette dérive antigaulliste des trois partis de la IVe République ne pouvait que rapprocher du RPF, sans toujours faire admettre la personne de son fondateur, les milieux de tradition royaliste, ou plus exactement monarchiste. J'emploie cet adjectif, car les comportements inadmissibles de Charles Maurras pendant la guerre allaient être à l'origine d'un éclatement de cette tradition qui ne se réalisa qu'en 1955.

Je n'ai pas évoqué ici ces ruptures. Elles occupèrent longtemps ceux qui restaient marqués par le rayonnement intellectuel de Maurras. En septembre 1969, après le départ du Général, François Mauriac écrivit : « *Ce que j'ai vu clairement, grâce à Maurras, jour après jour, c'est que la République parlementaire telle que les partis l'avaient constituée en France allait à la mort, et c'est dans ces premières analyses que mon gaullisme a pris racine.* » Mon père, à la suite de ses expériences et de ses réflexions des années vingt, le voyait aussi, mais il ne pouvait imaginer que de Gaulle eût le même regard.

Peut-être est-ce le message du Général au comte de Paris en 1957 – « *Votre avenir, celui du Prince Henri, celui des vôtres sont intégrés aux espérances de la France* » – qui le fit changer d'avis... Ou aurait-ce été cette déclaration de 1967 à Philippe de Saint-Robert, s'il l'avait connue : « *Nous avons rétabli la monarchie... Élective, pas héréditaire...* » ? C'est peu probable. Je revois mes parents revenant d'une visite faite à je ne sais plus quelle occasion au duc de Guise, en Belgique. Ils n'avaient pas l'air très orléanistes, mais enfin, la transmission héréditaire présentait à leurs yeux toutes les vertus.

Toujours est-il que, si l'on est attentif à l'influence que ses propres parents exercent sur Charles de Gaulle et à l'intérêt qu'il porte, lui, à l'histoire de sa propre famille, on est frappé par les rapports constants de la réflexion du Général avec l'Histoire – bien plus qu'avec la religion. Ce n'est pas le moment de parler de ses entretiens avec le comte de Paris, je l'ai fait dans *Mon Général* et ils se situent du reste à une autre époque que celle que j'évoque ici. Aujourd'hui, j'aurais tendance à les trouver un peu anecdotiques. Comme je trouvais un peu politicienne cette prétention du prétendant à accéder au pouvoir par les chemins qu'avait choisis Napoléon III. Tandis que certaines expressions de Maurras, oubliés ses délires sous l'Occupation, ont des consonances familières aux gaullistes : quand, après avoir parlé des « *tristes rivages des partis-rois* », il évoque « *ce bien sans prix, l'entente des citoyens qui tient debout la Cité* » ; ou quand il annonce que « *l'association* » sera le « *maître mot du* XX*e* *siècle* », comment ne pas se sentir en terrain familier ?

En fait, les conversations que j'avais eues avec mon père à propos de Maurras n'avaient guère été d'ordre politique. Elles auraient pu l'être davantage, et le souvenir que j'en garde aujourd'hui est celui de mon souci, alors quelque peu inavoué, de lui faire de la peine en allant chevaucher aux côtés de quelqu'un qui avait été un certain temps, pour lui, l'image ou plutôt le symbole du Mal. Quand nous parlions de *L'Action française*, c'était pour évoquer les années d'avant-guerre où mon père faisait parfois paraître dans le journal des chroniques littéraires ou des critiques de livres. Sous un pseudonyme, bien entendu. C'est de Jules Lemaître qu'il se sentait le plus proche à *L'Action française*. Lemaître dont Anatole France disait : « *Sa fantaisie est charmante.* » Évidemment, on ne pouvait pas dire cela de

Charles Maurras ! Mon père aimait donc Lemaitre, mais pas au point d'aborder des sujets scabreux. Quand je le questionnais sur Mme de Loynes, il me répondait : « *Quand elles tiennent un salon littéraire, les femmes ont bien du charme pour les écrivains.* » Et quand il voulait que je saisisse mieux comment se faisait l'Histoire, il me donnait à lire *Les Conséquences politiques de la paix.* En lisant Bainville, je comprenais qu'un historien peut faire des prévisions en les nourrissant d'Histoire. C'est ce que faisait le Général. De surcroît, je pense qu'il puisait dans ce procédé des illustrations de l'unité, de la globalité de l'histoire de France. Je pensais à ce lien quand on racontait à l'époque que Malraux, à la question : « De Gaulle va-t-il gracier Maurras ? », répondait : « *Que pourrait faire d'autre un homme qui fait la politique de Bainville ?* »

Et puis, il y a cette lettre du Général qui écrit au comte de Paris en mai 1969 : « *Toute ma vie je me suis efforcé de faire la politique millénaire de la Maison de France...* »

Imprégné du « politique d'abord » maurrassien, j'ai commencé par parler des institutions. Je l'ai fait d'autant plus facilement que ce sont elles qui ont guidé mes premiers pas sur le chemin des engagements politiques. Et puis, pendant ces deux ans, de mai 1945 à mai 1947, la mise en place de la IVe République a vu se succéder des référendums, des gouvernements, et les mouvements divers d'un personnel politique d'autant plus incertain qu'il était sans passé.

Tout cela a alors largement occupé les esprits.

À elle seule, la naissance de la IVe République aurait peut-être pu justifier l'ironie méprisante de *Combat* changeant un jour son sous-titre « De la Résistance à la Révolution » par « De la Résistance à la Restauration », mais le mot « révolution » a trop compté dans les déclarations du Général, pendant la guerre, pour qu'on ne parle pas du sens qu'il a eu et de celui qu'il a perdu.

Sans compter qu'il y a eu, en face, la Révolution nationale.

Dans *Les Chênes qu'on abat*, Malraux lui fait dire : « *Le seul révolutionnaire, c'était moi.* » Ce qui est sûr, c'est qu'en novembre 1941, à l'Albert Hall, le Général disait : « *Cette guerre est une révolution* », et promettait un « *vaste renouvellement* » de la nation française.

En août 1942, il évoquait d'une manière plus étrange, s'agissant du présent et non pas de l'avenir, « *cette révolution que la France trahie par ses élites dirigeantes et ses privilégiés est en train d'accomplir* ».

Le 30 septembre 1944, le ton de son discours à Lille n'est pas non plus vraiment conservateur ! Et quant à *Combat*, il titrait le 8 août, comme une conclusion : « *Nous voulons une économie collectiviste et une politique libérale* » !

Si l'on ajoute à cela la campagne menée par Vichy contre l'entourage politique « gauchisant » du Général à Londres, on imagine les dispositions d'esprit de la majorité des milieux modérés en 1945.

Ces dispositions vont évoluer plus ou moins rapidement pour deux raisons. D'une part, quelles qu'aient été leurs conséquences politiques ou sociales, qu'il faudrait analyser plus finement, les grandes décisions de la Libération concernant la société (Sécurité sociale, vote des femmes, nationalisations ou comités d'entreprise) ont été généralement acceptées par les modérés, sans soulever d'enthousiasme. D'autre part, en 1946, le Général n'est plus au pouvoir ; il a fait la campagne pour le « non » au référendum d'octobre. On dit même qu'il a donné cette définition de la révolution : « *une constante insatisfaction* » ; ce n'est pas celle de quelqu'un qui veut tout changer. L'affadissement général de ce « *révolutionnarisme* » – néologisme inventé par Gilles Martinet pour qualifier l'idéologie commune aux mouvements de Résistance – permettait au Général d'envisager son action politique d'une façon bien différente de celle qu'il avait imaginée à Londres. Vaguement, il est vrai.

L'antigaullisme ne va certes pas désarmer. Mais il va se cantonner. Aux communistes, le terrorisme intellectuel. Aux vichystes, le ressentiment. Aux partis, la guérilla. Aux médias, l'incompréhension ou le silence. Et aux autres Français, la difficulté de pardonner à l'un d'entre eux de ne pas s'être trompé.

J'ai dû attendre 1974 pour analyser plus clairement la permanence de ce phénomène de l'antigaullisme dans notre vie politique. En 1947, cela prenait la forme de l'hostilité au Rassemblement du Peuple français. Ceux-là mêmes qui avaient été les plus proches du Général pendant la guerre et qui, en ce début de 1947, voyaient se préciser la structure et la finalité du Rassemblement dans l'esprit du Général, se posaient des questions.

Son aide de camp, Claude Guy, et son secrétaire particulier, Claude Mauriac, ont tous deux laissé des souvenirs qu'on peut considérer comme fidèles – peut-être pas des mot à mot, mais fidèles au sens général de leurs conversations avec de Gaulle à ce sujet. Ils étaient tous deux réservés sur le projet. Élevés par le Général dans l'horreur des partis, ou du moins de leur toute-puissance, ils le voyaient prêt à prendre la responsabilité d'une de ces machines infernales.

Dans ses fonctions d'aide de camp, Claude Guy, qui participa de près à la fondation du mouvement, et Claude Mauriac, à la tête de la revue *Liberté de l'esprit*, n'en acceptèrent pas moins d'aider un temps le Général dans cette affaire. J'en parle parce qu'il s'agissait de ceux qui, dans la vie quotidienne à Colombey, étaient les plus familiers. Mais, en dehors de quelques fidèles des premiers jours qui en prirent la tête (Soustelle, Rémy, Palewski...), le monde politique ne crut pas au Rassemblement. Il ne fut jamais « à la mode ». Même quand il remporta des succès électoraux que l'habileté des partis, combinée à l'intransigeance du Général, s'empressait de neutraliser.

Beaucoup de ceux qui vénéraient le Général tout en ayant à l'occasion, depuis deux ans, occupé quelque surface dans notre société renaissante, déploraient qu'il risquât de s'avilir dans ce jeu politique.

Ceux qui ne l'aimaient pas manifestaient cette crainte avec encore plus d'hypocrite affliction.

Je n'appartenais ni à la première, ni à la seconde catégorie.

Qu'un homme, après avoir assumé seul son pays, puis refusé d'en être le maître, fasse en sorte d'empêcher une guerre civile pour ne pas être le spectateur détaché de son éclatement, qu'il essaie de rassembler ses concitoyens dans une entreprise du type de celles qu'il avait toujours condamnées, je trouvais simplement que cela ne manquait ni de courage ni d'élégance. Ni d'utilité pour l'avenir, comme on le verra.

À la veille du discours de Strasbourg qui allait annoncer le Rassemblement, tant de bons esprits voyaient son avenir bien sombre !

Sur cet avenir, je ne citerai que trois lignes ; elles ont été rédigées par un grand écrivain assez courageux pour reconnaître ses erreurs. Dans son *De Gaulle*, paru en 1964, François Mauriac écrit : « *Le RPF que je condamnais (avec raison) avait sa profonde nécessité. Et, au vrai, il n'a échoué qu'en apparence. Il a finalement gagné.* »

Il a gagné, car la mise en place de la Ve République en 1958 ne se fût jamais faite dans ce climat de calme et d'efficacité si les structures du RPF n'étaient restées attentives et disponibles.

Un an après le départ de janvier 1946, le climat du pays avait donc bien changé. Le Général s'était séparé de ces partis politiques que les souvenirs de la IIIe République, le naufrage de 1940 et ses enseignements mêmes, à lui de Gaulle, avaient transformés en épouvantails. Comme si on les avait plantés dans un champ non pas pour écarter les oiseaux, mais pour empêcher la moisson de pousser.

Il avait, à Bayeux, dit les conditions de fonctionnement d'une République démocratique et moderne. La plupart des avancées sociales annoncées pendant la guerre étaient amorcées, tout cela dans un ordre public plus ou moins bien préservé. Et voici qu'il demandait aux Français de se rassembler autour de lui – le seul autour de qui on pût le faire – pour lui donner les moyens de poursuivre sa tâche.

Qui s'y serait opposé ?

Pas moi, et, au milieu de 1947, j'avais décidé d'accompagner le Général. Et si je ne savais pas trop comment, je pensais savoir où.

J'avais quitté l'université et ses plaisirs, la campagne et sa douceur, la 1re armée et son combat, mais, à travers tous ces départs, je n'avais guère quitté mon milieu familial et amical.

Comment faire ? Je ne connais pas le Général, ni personne de la France libre ou du monde politique qui l'ait approché. Dans la Résistance, mes seules relations ont été modestes et provinciales. C'est donc lentement que je vais m'apercevoir de l'importance et du nombre des oppositions à la démarche de De Gaulle. D'autant plus qu'elles seront masquées par les succès du Rassemblement naissant. « *Les gens bien ne viennent pas vers moi* », disait, ironique, le Général à Claude Guy. Ce fut néanmoins un camarade de classe, René-Marcel Ribière, chassé de la carrière préfectorale pour gaullisme militant, qui me présenta au chef du RPF.

Pendant la guerre, on reprochait à de Gaulle de ne s'entourer à Londres que de gens de gauche. Il répondait qu'il lui était difficile de s'entourer de ceux qui n'étaient pas là. Il avait raison. Mais, du coup, les Français l'imaginaient rétablissant une IIIe République agrémentée, si l'on peut dire, du programme du Conseil national de la Résistance. C'est ce que l'on répétait à Vichy et c'est aussi, pour être complet, ce que souhaitaient la plupart des hommes de la IIIe République qui s'étaient ralliés au gaullisme après plus ou moins de détours.

C'est André Philip qui, en arrivant à Londres, déclarait, paraît-il, non sans panache : « *Le Général, je m'en fiche. Je viens rejoindre le sous-secrétaire d'État à la Guerre du dernier gouvernement libre, donc légitime, de la IIIe République.* »

Ceux-là, voyant de Gaulle fonder un parti contre le retour à la Troisième, s'estimaient trahis.

Quant à ceux qui avaient été à la France Libre, les plus perspicaces ou les plus confiants décidèrent d'aider le Général à imposer, par la bataille électorale, le régime qui convenait au pays. Des Gaston Palewski, des Yvon Morandat, des Chaban-Delmas, il y en eut bien sûr à tous les échelons et dans tous les milieux. Ce ne furent pas les moins accueillants.

D'autres retournèrent à leur parti d'origine.

D'autres, enfin, déçus, se réfugièrent dans leurs rêves d'antan ou dans ceux qu'avait fait naître le vent puissant des années d'exil et de guerre. Je pense à Emmanuel d'Astier ; remplacé à son poste de ministre de l'Intérieur quelques jours après l'installation de De Gaulle à Paris, « le Symbole » (c'est ainsi qu'il appelait le Général) lui avait dit : « *Il faut maintenant la pause.* » Et, bien des années plus tard, je l'entends, avec ce sourire rêveur mais gai, me faire remarquer : « *En six semaines, les murs des habitudes s'étaient reconstruits.* »

Je revois cette jeune femme, rencontrée par hasard dans la rue. La guerre nous avait séparés et nous nous racontâmes chacun la nôtre. Elle trouvait que soutenir le chef du RPF, en ce dernier mois de 1947, c'était être gaulliste « *à contretemps* ». J'ai retenu cette expression. Elle m'a frappé parce que je l'ai retrouvée, flottant dans l'imaginaire de gens qui n'osaient pas la formuler. Il est vrai qu'elle est très réductrice du gaullisme.

Comment certains de ceux qui avaient suivi le Général, sans le connaître, à travers les hauts et les bas de la guerre, n'étaient-ils pas prêts, au lendemain de celle-ci, à l'accompagner dans le combat civique qu'il entreprenait ? Peut-être pensaient-ils que la guerre, c'est soi-même, et que la politique, c'est les autres ? Ou s'imaginaient-ils que la guerre purifie l'image de chef, tandis que la politique l'altère ?

Max Weber dit à peu de chose près que la légitimité charismatique ne peut s'établir de façon durable... Peut-être a-t-il raison. Mais le comportement d'un homme peut-il faire disparaître une grâce donnée par le Ciel ?

J'ai parlé, au début de ce récit, de tout ce qui avait contribué à faire de moi le jeune homme que j'étais à vingt ans ; puis, de la manière dont j'avais vécu et ressenti la période de l'Occupation, entre deux hommes pour qui le mot « honneur » n'avait plus le même sens, sinon l'accord profond avec soi-même. Enfin, des raisons pour lesquelles j'avais décidé de suivre l'un d'eux pour le temps de sa vie publique.

J'allais connaître personnellement le Général : chef du Rassemblement, j'ai été son chargé de mission dans trois régions différentes ; général de Gaulle, j'ai été son chef de cabinet ; président de la République, enfin, après avoir été son conseiller, je suis devenu son ministre. Mais, comme beaucoup, c'est sans le connaître que j'avais décidé de le rejoindre.

L'idée que je m'étais lentement faite du personnage, si j'essaie de lui trouver une source, remonte au 18 juin. C'est autour de cette date que la cristallisation se fit. Parce qu'elle symbolise un homme qui se voit, ce jour-là, *hic et nunc*, seul et démuni de tout. Ce n'est pas ce qu'il dira le 19 juin qui est important – « *Déposer les armes serait un crime contre la Patrie* » –, c'est qu'il le dira « *seul et démuni de tout* ».

« *La solitude de l'esprit* [...] *est la présence de Dieu* », soulignait au XIVe siècle un philosophe flamand. De Gaulle est vraiment seul, le 18 juin, et Dieu a forcément raison.

Du reste, François Mauriac aussi l'explique ainsi : « *Je suis gaulliste parce que de Gaulle a eu raison.* »

C'est là, si je puis dire, une bonne raison, et je la fais mienne volontiers.

Mais le grand souffle de la légitimité, il est dans la solitude. Toute sa vie, le Général répétera ce qu'il disait à René Mayer dans le train de Brest, en 1945 : « *Je ne veux pas être le chef d'une majorité.* » Solitude... Mais toute sa vie aussi il voudra rassembler tous les Français, puisqu'il est leur seul chef depuis le 18 juin 1940. Il lui arrivera de prétendre – même si ce n'était pas toujours vrai ! – que, sur tel ou tel sujet, l'unité s'est faite entre les Français et celui qui leur parle. C'est « le Symbole » ! Mais c'est à travers la solitude qu'il l'est devenu.

Le Général a raconté comment, au milieu d'une foule africaine, à Douala, en 1940, il avait, un jour, réalisé qu'en sus de sa personne il y avait, confondu avec elle, un autre de Gaulle qui ne lui appartenait plus. Celui que Malraux appelait « *Charles* ». Et il me l'a répété en 1953, en Afrique noire aussi. Il a ajouté à la fin des *Mémoires* que la solitude avait, au début, été sa tentation, puis qu'elle était devenue son amie. Je crois, moi, qu'elle a été avant tout l'âme de ce deuxième personnage, « le Symbole ».

À ce « symbole » étaient liés la plupart des hommes de qualité de l'après-guerre. Étant donné les dangers que faisaient courir au pays les politiques erratiques de ses gouvernements, il fallait qu'un chef pût y faire face. Dix ans plus tard, la démonstration en sera faite.

Mais « *toujours le chef est seul en face du mauvais destin* ».

Parfois, je suis tenté de penser que le Général considérait aussi ses interlocuteurs comme les incarnations de « mauvais destins ». Disons que les échanges verbaux avec lui n'étaient pas toujours des dialogues. Son attention, toujours sans faille, n'était pas toujours signe d'intérêt. Les longs discours – souvent passionnants – qu'il lui arrivait de tenir à des familiers n'étaient pas faits pour solliciter un avis ; il voulait savoir comment ils manifesteraient leurs sentiments. Peut-être aussi comment lui-même réagissait à la lecture d'un texte qu'il avait écrit et à la formation d'une pensée qu'il avait ruminée.

Il faut se rappeler que ses discours, ou ses déclarations, n'étaient pas destinés à séduire son auditeur ou son auditoire, et que s'il lui arrivait de tenir des propos contradictoires, cela tenait à ce qu'il s'adressait avant tout à lui-même.

Non, il ne séduisait pas. Peut-être pensait-il, comme Malraux, qu'« *être aimé sans séduire est un des plus beaux destins de l'homme* ». Ou peut-être ne le pensait-il pas.

Ayant vécu dans une famille où l'on aimait séduire, je crois pouvoir dire que le Général y était indifférent. Conscient, pourtant, de ce que pouvait avoir d'attrayant son humour ravageur. Exemple typique : sa réponse à Foccart qui, un soir, au fond de l'Afrique, lui demandait des instructions sur une affaire concernant le Rassemblement : « *Vous commencez à m'emmerder, Foccart, avec votre RPF !* » Une phrase qui vous attache un homme ! Là, ce n'était pas nécessaire. Pas plus qu'avec Rémy, repartant une nouvelle fois de Londres pour la France :

« Vous allez vous faire pincer, un de ces jours, Rémy.

– Mais non, mon Général...

– Mais si, mais si, on finit toujours par se faire pincer. »

Était-il, lui, le Général, parfois séduit ? Je ne sais pas. Il était plus indulgent envers quelques-uns : ceux qui lui présentaient leur question avec un peu de savoir-faire ; ceux qui, à certains moments de la guerre ou de sa préparation, lui avaient donné le sentiment qu'ils comprenaient sa solitude. Personne n'était moins intéressé que lui aux problèmes des relations sociales. Même si personne ne l'était autant aux bonnes manières. Il n'a jamais manqué de me demander des nouvelles de mes filles dont Mme de Gaulle lui rappelait auparavant les prénoms ; et, comme je l'ai dit, il n'a jamais prononcé devant moi le nom de mon père.

Il faut dire que si, pour des raisons que j'ai essayé d'analyser, les réactions des pétainistes étaient moins violentes contre de Gaulle en cette année 1947, s'interposait encore entre eux et lui l'essentiel : le sens des mots. D'un seul, peut-être : l'*honneur*.

Voilà sans doute le mot le plus employé dans la tragédie classique ou dans le monde des armes quand tout est perdu. (Ce n'est du reste pas exactement ce qu'écrit François Ier à sa mère au soir de Pavie...)

C'est aussi un mot qui ne suscite jamais de commentaires : celui qui aurait besoin d'une précision sur l'honneur est sans doute quelqu'un qui n'en a pas. Je suis donc tenté de me taire et de m'enfuir à la recherche de cet « *endroit écarté où d'être homme d'honneur on ait la liberté* », cet endroit qu'Alceste ne trouvera jamais. N'est-il pas d'ailleurs étrange que, parlant d'honneur, la première citation qui me vienne à l'esprit soit de Molière, un auteur de comédies ?

Dans ma famille, on m'avait toujours dit que l'honneur d'un soldat était d'obéir à ses chefs. Le Général m'a montré que l'amour de sa princesse, la France, exigeait d'un Français qu'il la libérât des chaînes de ses ennemis envers et contre tout – et tous.

L'honneur serait-il de chercher à connaître et à respecter les priorités ?

En tout cas, il n'est sûrement pas ce qu'on en a écrit.

Voltaire : « *Il y a de ce qu'on appelle honneur jusque dans le crime.* » Shakespeare : « *Qu'est-ce que l'honneur ? Un mot.* » Et Diderot : « *La joue de tous les hommes d'honneur est la mienne.* » La liste des citations pourrait être aussi longue qu'inutile. Je n'en retiendrai qu'une. Elle figure sur une affiche non diffusée du 11 août 1944. Elle est adressée aux officiers français. Pétain l'a signée, mais c'est Henri Massis qui l'a écrite, Massis dont le Général avait suivi de si près l'*Enquête sur la jeunesse* à partir de 1910. La voici :

« *Assez d'entre vous ont changé de camp pour savoir d'expérience personnelle que le plus pur patriotisme peut inspirer des actes opposés.* »

Traiter de l'honneur des autres est une entreprise qu'il me paraît vain de mener.

Que savons-nous du connétable de Bourbon qui perdait son honneur à Pavie quand François Ier ne gardait que le sien ? Qu'en savons-nous, sinon que cette perte lui rapporta le Milanais et la Bourgogne ? Il faut nous contenter de notre conscience et observer le Talmud qui nous dit : *« Que l'honneur de ton voisin te soit aussi cher que le tien. »*

Pour moi, j'ai la chance de savoir où et quand je peux retrouver le premier écho de ce mot. Il me suffit de relire la dernière page d'un petit livre que mon père avait publié en 1919 pour raconter ses quatre années de guerre. Je devais avoir cinq ans quand je la lus pour la première fois. Après l'armistice, la flotte allemande est remise aux Alliés en rade de Rosyth, en Écosse. Mon père décrit :

« *La ligne des cuirassés boches prit place entre nos deux lignes, comme une bande de malfaiteurs... Et les timoniers de l'ennemi durent, à ce moment, faire ce que jamais dans l'Histoire un marin ne fit sans s'être battu : ils amenèrent leur pavillon... Quand une marine a quelque tradition et quelque savoir-vivre, elle n'accomplit pas ce geste inélégant : nous avons l'habitude, en pareil cas, de mettre le feu aux poudres.* »

Je ne conteste pas le côté un peu romanesque de ce tableau, mais, en matière d'honneur, il m'a toujours paru bienvenu. En tout cas, il me servit longtemps de référence.

Sur l'honneur toujours, Raymond Aron a publié en 1960 un texte intitulé *De la trahison*. Je retiens deux phrases de ces pages où l'on retrouve toute la finesse de l'auteur :

« *Quel Français n'a pas été, depuis vingt ans, traité de traître par tel ou tel de ses compatriotes ?... Le terme passe pour être péjoratif* [...]. *La multiplication du traître ne tient pas à une baisse de moralité, mais à l'entrecroisement des conflits entre États et des conflits entre idéologies.* »

On dira qu'en soixante ans, la conception de l'honneur s'est intellectualisée et relativisée. À moins que l'on admette – ce que j'aurais tendance à faire – le caractère subjectif de ce sentiment, étroitement lié à la morale de chacun.

Quelle que soit l'époque, ce principe admis ne semble pas être appliqué de façon constante. Et, à l'époque dont je parle, comme disait Alain Savary, « *on n'était pas très nuancé* ».

On imagine aisément les interminables développements qui pourraient découler des définitions données – innocemment ou pas – par les uns ou les autres aux mots « honneur » et « trahison ». Je n'ai pas cédé à cette tentation ludique. À ce jeu on aurait vite fait, je le crains, de verser dans le mauvais goût. Ce qui n'est pas permis à propos de mots qui ont été parfois payés si cher.

J'entends Paul Valéry :

> *« Honneur des hommes, saint langage,*
> *Discours prophétique et paré... »*

Je n'irai pas jusqu'à dire, comme certains au moment de la guerre d'Algérie, que « *la trahison redevient à la mode* », mais je me demande si l'emploi incessant et désordonné de ce mot au cours de ces soixante dernières années n'a pas contribué à en affaiblir le sens.

J'ai essayé d'éviter qu'on ne retrouve trop souvent le mot de trahison dans mon vocabulaire. Du moins jusqu'au début de ma vie politique. Après 1947, pour être franc, j'ai dû assez souvent soupirer ou ricaner : « *On n'est jamais trahi que par les siens.* » Une expression qui, par définition, appartient et peut s'appliquer à tout un chacun.

Comme je l'ai dit, ma vie politique aux côtés du Général n'est pas le sujet de ce livre-ci. J'en ai parlé dans quelques pages au titre possessif, *Mon Général*, qui relataient une sorte d'histoire d'amour. J'y avais employé cette expression, et on a pu la trouver excessive, mais c'est bien pour des raisons sentimentales, parce que j'ai aimé le Général, qu'après l'avoir connu, je suis resté à son service tout au long de ma vie politique.

Vingt-deux ans seulement : cela peut paraître court, mais ce fut précédé d'une difficile approche que je viens d'essayer de raconter.

Quel fut son cours ? Les histoires d'amour ne sont rendues crédibles ou alléchantes que par les ruptures, les brouilles, les mensonges, ranimant des flammes qui s'éteignaient. Je n'ai pas vécu vingt-deux ans d'une idylle sans nuages. Mais je ne dispose pas de l'arsenal romantique pour illustrer des sentiments qui ne furent pas partagés. Ce sont bien de mes sentiments à moi qu'il est question, et ce sont eux qui eurent à subir quelques épreuves.

Le Général et moi n'avions que rarement des avis différents sur des questions de personnes. Ce fut plus fréquent sur des questions de politique intérieure.

En 1948, il y eut des élections cantonales, et le Général, encouragé par Soustelle et par le résultat des élections municipales, voulait absolument présenter des candidats RPF dans chaque canton « renouvelable ». C'était, à mon avis, une tactique qui ne convenait pas à ce type de scrutin. Je le lui dis pour ce qui concernait les départements du Sud-Ouest dont j'avais la charge. (Il aurait difficilement admis que je lui donnasse mon avis sur ceux qui n'étaient pas de mon ressort.)

À une autre occasion, les apparentements aux élections législatives de 1951, nous eûmes le même type de discussion. Les deux se terminèrent mal. Mal pour moi, car il ne fut pas convaincu et j'eus le sentiment d'une injustice. C'est toujours difficile à admettre de la part de ceux qu'on aime. Je l'admis cependant. Plus tard seulement, je connus le jugement qu'on prêtait au Général, dans des termes que je ne peux pas garantir : « *J'aime bien ceux qui me résistent ; l'ennui, c'est que je ne peux pas les supporter.* » À la réflexion, cela me paraît relever davantage de l'humour que d'une juste appréciation... Le Général, c'est bien connu, traitait ses interlocuteurs en fonction de leurs titres : en dehors de celui qu'il m'avait donné, je n'en avais pas ; cela rendait nos rapports plus simples, plus directs, plus familiers, puisque dépourvus de cette lourdeur que peut apporter dans la conversation une constante référence aux titres ou aux distinctions.

Il ne m'est jamais venu à l'esprit que je pourrais m'éloigner du Général. Quand cela arriva, c'est qu'il avait décidé de me confier des fonctions différentes de celles que j'avais exercées auprès de lui.

J'éprouvai une peine véritable à quitter ce petit groupe de collaborateurs qu'il appelait sa « *maison* ». Il employait quelquefois ce terme quand il voulait rappeler qu'en faire partie créait des obligations de connaissances étendues et de stricte réserve qui n'étaient pas toujours compatibles ; quant aux règles de comportement, elles pouvaient paraître lourdes. Le monde politique était un monde parallèle dont il comprenait fort bien qu'on s'occupât, mais il ne suffisait pas de l'habiter pour être considéré comme de sa *maison*.

Cette notion régalienne de *maison* est à l'origine de bien des décisions, de bien des déceptions et aussi de bien des liens, quelquefois mal expliqués. Elle était à l'origine, en tout cas, d'une certaine exigence de rigueur intellectuelle qui n'est pas commune à toutes les passions amoureuses.

À travers la trame de ce sentiment amoureux, peut-on voir briller un fil d'or qui lui ôterait de sa pureté tout en lui donnant de l'éclat : le goût du pouvoir ?

Je pourrais dire *non*, puisque je suis resté à ses côtés dans l'opposition, voire dans l'obscurité. Je pourrais aussi dire *peut-être*, puisqu'une partie du temps passé dans l'opposition fut consacrée à lui rendre le pouvoir, et parce que les quelques modestes pouvoirs que j'ai continué d'exercer, après son départ, c'est de lui que je les tenais.

C'est de lui, du reste, que j'ai appris le goût du vrai pouvoir, l'art de le discerner et la manière de l'exercer. Et puis le pouvoir – l'exercer ou le subir – n'a-t-il pas toujours sa place, qui peut être grande, voire exclusive, dans l'aventure amoureuse ?

Au cours de cette période qui précéda l'« aventure amoureuse », comme je viens de l'appeler, mon père avait joué son rôle, silencieux mais irremplaçable ; il était maintenant terminé. Ma participation active à la vie politique me faisait vivre désormais dans une actualité qui n'était pas la source de conflits familiaux.

Cependant, la connaissance des hommes, la lecture des textes – les premiers plus bavards, les seconds plus explicites – ne cessaient de fortifier mes convictions lentement formées :

• S'agissant de l'État, de Gaulle était un chef capable de le conduire.

• S'agissant de la nation, il était le seul à pouvoir l'appeler à une renaissance, parce qu'il l'avait un jour, seul, tout entière incarnée.

Et c'est en faisant lui-même l'Histoire, par l'action et le verbe et la plume, qu'il avait rendu possible le déroulement de son propre destin.

Ceux qui l'ont eu pour chef seront enclins à trouver dérisoires mes déclarations cherchant à démontrer que le Général en était un. Et un chef tout court.

C'est si vrai qu'il prit soin, en 1932, dès le début du *Fil de l'épée*, de parler de celui qui tient l'épée : le chef. Quant au cœur du livre, il est consacré, sous les titres « Du caractère » et « Du prestige », au portrait du modèle de chef qu'il connaît le mieux : lui-même. Le chef donne vie à l'action « *comme le talent fait de la matière dans le domaine de l'art* ». On ne peut citer le texte en entier ; chaque phrase en est devenue une maxime. Mais chacun peut se plaire à y trouver un discret reflet de ce qu'il a cru entrevoir ou comprendre de l'auteur.

C'est du caractère que procède, dit le Général, « *le point divin, à savoir le fait d'entreprendre* ». Le 18 juin a été le début et le symbole de beaucoup de choses pour beaucoup de gens. Pour le Général, huit ans après ce texte, cela a été « *l'élément suprême... le point divin* ». Il ne choisissait pas ses mots au hasard.

Dans ces pages si émouvantes, tant elles sont fidèles au modèle qui les a écrites, revient aussi toujours cette « *contrainte incessante qui blesse l'âme, comme le cilice, à chaque pas* ». Cette contrainte, c'est la solitude, « *misère des hommes supérieurs* », selon une formule d'Émile Faguet, ce rationaliste un peu aride qu'on ne s'attend pas à trouver cité là par le Général.

Cette « *contrainte incessante* » découverte à quarante ans était-elle encore la même, toujours aussi pesante, quinze ans plus tard ? Je le pense, même si on fait la part de l'accoutumance. Même si – puisqu'il s'agit d'une « *condition du prestige* » – le prestige est acquis depuis longtemps !

Les relations du Général avec ses interlocuteurs ont parfois été marquées par le désir de se défouler. D'où certains « numéros » de lui, inutilement rapportés par des familiers et manifestement excessifs. J'ai toujours été sensible, en revanche, à sa volonté de garder une certaine distance en toute occasion. Ce n'était sans doute que l'application d'un principe qu'il a lui-même rappelé dans le chapitre du *Fil de l'épée* où il dépeint le chef : « *Un tel chef est distant, car l'autorité ne va pas sans prestige, ni le prestige sans éloignement.* » Faut-il rappeler que, dans cette même page, et toujours à propos du chef, le Général ajoute : « *Sa fermeté l'éloigne souvent de l'obéissance passive* » !

La « contrainte incessante » suppose des efforts, et certains efforts sont devenus si habituels que celui qui les déploie n'en est pas plus conscient que celui qui les observe. Pourtant, cette distance plus ou moins consciemment recherchée, qui a fait sa force pendant la guerre, c'est vers la solitude qu'elle conduit, c'est en termes de solitude qu'elle se mesure.

Je ne cesse de revenir à cette solitude de l'homme qui s'est exprimé le 18 juin. Question contrainte, il n'en a sans doute jamais supportée de plus pesante que ce jour-là. Mais aussi parce que c'est à ce moment que le touche la grâce qui va lui permettre à plusieurs reprises, par la suite, de rassembler les Français. Cette grâce est née de la solitude, celle-ci étant inhérente au prophète, seul à dire ce qu'un peuple ne peut imaginer. Il prédit. Avant que ses prédictions ne se réalisent, le peuple vit plus ou moins longtemps sans se soucier de ce qui va advenir. Il le regrette. Il cherche des excuses, des explications à son insouciance. Le génie du Général va être de les lui donner. De faire *comme si*. D'expliquer au peuple comment il a vécu dans l'attente de ce qu'il lui avait annoncé. Vécu comme il convenait, chacun jouant son rôle. Les héros – ceux dont, comme il disait, le caractère a rencontré les circonstances – en héros ; les traîtres – soucieux de leur propre intérêt – en méchants ; et les autres, la masse des autres, de plus en plus nombreux, qui vivaient d'un espoir de plus en plus chaud à leur cœur fatigué.

Il devait en être ainsi pour trois raisons :

• L'unité de la nation, si importante en tant qu'élément constitutif de la Légitimité, devait s'appuyer sur un cadre solide et bien connu de tous : les bons, les mauvais, la masse peu réfléchie mais bien-pensante.

• Le mouvement continu qui portait cette masse vers la Résistance – devenue une « mystique » que le Général définissait comme « *la Croix de Lorraine pour presque tous...* » –, ce mouvement renforçait sa position dans les arbitrages qu'il devrait rendre à la Libération.

• Enfin, pour préparer la réintégration de la France dans la cohorte des Alliés vainqueurs, il fallait leur donner le sentiment que le pays tout entier avait peu à peu refusé la réalité et l'idée de la défaite, devenues celles d'un mauvais régime conduit par de mauvais bergers.

Sur ce sujet, peut-on être plus clair que ne l'a été le Général lui-même quand il écrit : « *Il faut donc que la victoire réconcilie la France avec elle-même et avec ses amis* » ?

Ce sont le plus souvent ses adversaires qui reprochent à Charles de Gaulle d'avoir donné à lire à ses concitoyens une histoire de France qui n'était pas la leur. Je serais tenté d'ajouter : à lire et à vivre. Pour ceux qui ont passé toute une partie de leur existence à le comprendre et à le soutenir, je ne crois pas qu'ils doivent craindre de regarder en face les rapports particuliers de l'Histoire avec celui qui l'a faite.

Oui, le Général a dit en novembre 1942 : « *Il n'y a pas de Grand Reich étayé de vassaux dociles, parce que la France ne s'y est pas prêtée.* »

En février 1944 : « *Il n'y a qu'un peuple et qu'une nation qui se sont tant battus.* »

En octobre 1944 : « *La guerre qu'ils* [les Français] *mènent au premier rang depuis plus de quarante-neuf mois...* »

Il en a même dit bien d'autres qui ne semblent pas relever d'une juste relation des faits. Et alors ?... Est-ce que de Gaulle est un historien, ou est-ce un homme qui a fait l'Histoire de son pays ? « *L'homme ne vit pas seulement de pain, mais de toute parole qui tombe de la bouche de Dieu...* » Le Général le savait. Ceux qui ironisaient sur « *le Général Micro* » n'avaient pas l'air de le savoir.

Est-ce que, le 18 juin, il n'y avait pas l'Action et le Verbe ? Est-ce que, depuis ce jour, le Verbe ne fait pas partie intégrante de l'Action ?

Si certains pensent encore qu'il était soit mal informé, soit aveuglé par les nécessités de son action, qu'ils relisent cette phrase d'une lettre adressée en 1947 à Élisabeth de Méribel : « *Un nombre impressionnant de Français ont pu renoncer à la grandeur, mais la France, elle, s'en souvient et la désire.* »

Jamais n'a été mieux définie « *une certaine idée de la France* ».

Quant au mythe, puisqu'il faut en finir avec le sens des mots, je m'en tiendrai à la définition du Littré (édition intégrale de 1957) : « *Récit relatif à des temps ou à des faits que l'Histoire n'éclaire pas, et contenant soit un fait réel transformé en notion religieuse, soit l'invention d'un fait à l'aide d'une idée.* »

Je parle justement d'un temps que l'Histoire n'éclaire qu'avec parcimonie.

Aujourd'hui, je cultive les vignes au milieu desquelles mon père est enterré. J'apprends à vivre au rythme des saisons ; à m'alarmer de leurs sautes d'humeur ; à profiter des plaisirs qu'apporte chacun de leurs retours.

Pendant plus de cinquante ans, de 1945 à 1997, j'ai eu des électeurs comme maire, conseiller général, régional, député. J'ai souvent exercé tous ces mandats à la fois ; tel était le système, avec ses avantages en matière de cohérence et le risque, le temps passant, de se sentir plus proche de Créon que d'Antigone. Je n'ai plus désormais d'électeurs, et ma vie d'élu pourrait faire l'objet d'une autre réflexion. Je n'ai pas eu non plus le propos de refaire ici un livre sur le Général ; si j'ai beaucoup parlé de lui, c'est que j'essayais de retrouver dans ma mémoire le chemin qui m'avait mené vers lui.

C'est un autre chemin que j'ai parcouru à ses côtés, et un autre encore que j'ai voulu suivre quelque temps après son départ. Sur ce dernier, il s'est agi de mener du mieux possible les affaires de collectivités locales. Pour ce qui est de la collectivité nationale, j'ai seulement pu observer ce que devenait ce phénomène, cette aventure ou cette religion – que sais-je ? – qu'on appelle le gaullisme.

Le Général en a donné une définition fameuse : « *Tout le monde est, a été, ou sera gaulliste.* » Disons que cette manière de tracer les contours du gaullisme n'est pas vraiment une définition. C'est plutôt une constatation. Elle est optimiste. Mais c'est parce que je la crois vraie que j'ai entrepris ce « travail de mémoire ».

Pour rappeler que personne n'a la propriété exclusive d'un adjectif dont le Général n'appréciait pas l'usage, jusqu'à l'interdire même à certains moments. Il faut prendre le Général dans son entière dimension d'homme, de sa naissance à sa mort, et pas seulement du 18 juin 1940 au 29 avril 1969. Le Général est ce qu'il est. Pas un oracle, ni le maître d'une école, ni le fondateur d'une église. C'est un exemple.

C'était un homme qui, avant d'agir, se demandait si, compte soigneusement tenu des circonstances (« *C'est l'idée que je m'en fais qui emporte ma décision* »), son action serait favorable à la France, à la « madone » France telle qu'il en avait l'idée, telle qu'il l'aimait. Comme c'est simple, si l'on veut bien parler simplement : « *Messire Dieu, premier servi !* »

Aujourd'hui, on entend beaucoup discuter, à droite et à gauche, de l'existence résiduelle du gaullisme chez ceux qui, à tort ou à raison, s'en réclament. C'est une occasion de faire au Général le reproche de n'avoir rien voulu nous transmettre d'explicite. Et, pour que ce reproche soit plus... explicite, on a même écrit que le Général avait échoué à « *ancrer le gaullisme dans une catégorie politique indissolublement globalisée et durable* ».

Admirable définition de ce que le Général ne voulait faire à aucun prix !

Mais, aussi, simple contre-feu politique destiné à ceux qui se seraient trompés sur le sens du gaullisme en s'en croyant les exécuteurs testamentaires.

Tout ce que j'ai pu écrire dans les pages qui précèdent sur cette poutre maîtresse de la légitimité qu'est l'Unité montre bien que si l'on réduit le gaullisme à un échafaudage de préceptes, les chances d'atteindre à l'Unité s'estompent, et c'est tout l'édifice qui s'écroule.

L'exemple, seul, rassemble. L'acte, seul, compte. Même l'acte manqué, comme le référendum de 1969, mauvaise traduction de l'idée de participation.

Comment ne pas y penser quand les discussions sur l'Europe se perdent dans les sables ?

Chacun essaie de conjuguer l'efficacité avec l'état des lieux et des mentalités. N'y arrivant pas, tous préfèrent se battre à coups de citations contradictoires du Général. Ne vaudrait-il pas mieux se reporter à ses actes exemplaires ? Ceux qu'il accomplit pour maintenir la PAC (politique agricole commune) dans le Marché commun, pour essayer de faire aboutir le Plan Fouchet, ou pour rétablir de bons rapports avec la RFA.

On a dit qu'un gaulliste était un « homme de nation ». Je dirais plutôt que c'est un homme qui, dans chaque situation, décide de faire ce qui est bon pour la France en se gardant de la subtile tentation de confondre systématiquement « ce qui est bon » et sa propre élection.

Le Général a pu répondre un jour à un journaliste : « *Il y a mille ans que je le dis* » ; je me demande s'il ne pensait pas, avec Renan, que c'est l'oubli qui forge la nation.

Quand il a déclaré : « *Ce n'est pas la droite, la France ; ce n'est pas la gauche, la France* », de Gaulle aurait pu ajouter que cela n'empêchait pas les Français, qu'ils se considérassent de droite, de gauche ou des deux à la fois, de constituer une nation.

« *L'honneur de la nation française est d'avoir toujours gardé, irréductible, l'idée de son indépendance.* » Le Général était un lecteur trop attentif de Bainville pour n'avoir pas réfléchi à un mot que celui-ci n'avait pas choisi au hasard : l'*idée*.

Le Général, homme d'idées, pas de dogmes. Le dogme qui divise...

Autour du Général, nous avons été des pragmatiques rassemblés par l'idée que nous nous faisions de lui. Quand nous y sommes restés fidèles, « gaullistes » prétendions-nous pouvoir nous appeler.

Pour cette raison, et bien qu'il soit toujours difficile de parler de soi, il ne serait peut-être pas inutile, à travers les origines, les convictions, les perplexités ou les sentiments, que chacun raconte comment, pour lui, *gaulliste* est devenu un adjectif.

« *Il faut*, disait Montaigne, *se réserver une arrière-boutique toute nôtre, toute franche, en laquelle nous établissons notre vraie liberté.* »

Été 1999.